大夏书系·语文之道

本书系全国教育科学『十四五』规划2021年度教育部重点课题『项目化学习视域下儿童问学课堂的理论与实践研究(DHA210388)』成果

还学习本来的样子

Huan Xuexi
Benlai De Yangzi

潘文彬
儿童问学课堂十讲

潘文彬 ————————— 著

华东师范大学出版社

全国百佳图书出版单位

·上海·

目录

序 "问学"的教学化新解和创新性实践　001

第 1 讲　儿童问学课堂，探寻儿童的学习之道　001

儿童问学课堂，从儿童立场出发，让课堂回归儿童，
让教学回归本源，追寻学习本该有的样子，是学习真
实发生的课堂。

经典课例
《司马光》（统编版三年级上册）教学实录　008

名师评析
儿童问学，有灵魂的学习　021

第 2 讲　儿童问学课堂，迈向真实而自由的学习　026

儿童问学课堂，以"问"为特征，以"学"为核心，
以"活动"为载体，是引领儿童迈向真实而自由学习
的课堂。

经典课例
《祖父的园子》（统编版五年级下册）教学实录　037

名师评析
为儿童的"问学"奠基　048

第3讲　儿童问学课堂，追求素养本位的教学　　054

儿童问学课堂，以核心素养为圆心展开，为培育核心素养而教，使学生的生活质量和生命意义在问学实践中得以提升。

经典课例
《我的拿手好戏》（统编版六年级上册）教学实录　　061

名师评析
"问"得精彩，"学"得灵动　　074

第4讲　儿童问学课堂，实现以文化人的最优化　　078

儿童问学课堂，关注儿童的生命成长，把以文化人、学以成人作为语文教学的最大公约数，实现以文化人的最优化。

经典课例
《清平乐·村居》（统编版四年级下册）教学实录　　085

名师评析
儿童问学课堂，用文化滋养儿童　　097

第5讲　儿童问学课堂，营造"问""学"相生的教学生态　　101

儿童问学课堂，"问"即为"学"，"学"生成"问"，"问"又驱动着"学"，"问"和"学"是相互作用、和谐共生的有机整体。

经典课例
《什么比猎豹的速度更快》（统编版五年级上册）教学实录　　109

名师评析
"问""学"相生，为深度学习赋能　　120

第6讲　儿童问学课堂，向着思维更深处漫溯　　125

儿童问学课堂，以激活思维为旨归，为思维进阶赋能，用"问学十法＋"作支架，让学生展开深度而有意义的学习。

经典课例
《我的战友邱少云》（统编版六年级上册）教学实录　　133

名师评析
调和：让"问学"充盈思维之美　　143

第7讲　儿童问学课堂，促进从"问学"走向"学问"　　148

儿童问学课堂，以"问"开启儿童学习旅程，激发问学动机，营造问学氛围，维持问学动力，促进儿童从"问学"走向"学问"。

经典课例
《有你，真好》（统编版六年级上册）教学实录　　155

名师评析
儿童问学课堂，让习作真实发生　　167

第8讲　儿童问学课堂，彰显激活与回应的魅力　　171

儿童问学课堂，儿童积极思考、主动提问，教师及时转化、有效回应，是激活与回应共舞、对话和生成齐飞的课堂。

经典课例
《鸟的天堂》（统编版五年级上册）教学实录　　177

名师评析
儿童问学课堂，激活与回应的艺术　　188

第9讲　儿童问学课堂，运用整合思维设计教学　　193

儿童问学课堂，运用整合思维设计，追求教学目标、教学内容、教学策略三者之间的有效整合、协同作用，以寻求最大关联，获得最佳效果。

经典课例
《表里的生物》（统编版六年级下册）教学实录　　200

名师评析
寻求最大关联，追求最佳关联　　210

第10讲　儿童问学课堂，优化学科育人的新样态　　213

儿童问学课堂，在了无痕迹的浸润与渗透中，在浑然天成的影响与提升中，在自然而然的习得与生长中，为儿童生命发展赋能。

经典课例
《那一刻，我长大了》（统编版五年级下册）教学实录　　220

名师评析
问—学—教，习作教学的"问学之道"　　231

参考文献　　235

后　记　　239

序 "问学"的教学化新解和创新性实践

　　"问学"的实质是问题性学习，这是一个古老且经典的命题。"四书"中的《中庸》便主张"尊德性而道问学"，并进而发展出"博学之，审问之，慎思之，明辨之，笃行之"五阶修学进路。问学的精神和问学的实践可以追溯到苏格拉底的"产婆术"和孔子的"问答法"以及后来书院的"问对"制度。近现代以来诸多教育家对此作出深入的探讨，杜威在《我们怎样思维·经验与教育》中提出的"五步教学法"则是代表了现代"问题学习"的经典范式。这一范式包括五个步骤：开始意识到难题的存在；识别出问题；收集材料并对之进行分类整理，提出假设；接受或拒绝试探性的假设；验证并形成评价结论。他坚信大量的实践和发现活动都与学生的问题解决有关，因此，他倡导在所有年级和所有课程的学习中都要采用问题解决的方法。在当代，对"问题教学"也多有探讨，其中"以问题为本的学习"（Problem-Based Learning，简称PBL）最富成效。历史进路和当代实践无不证明，问题学习具有坚实的理论基础和无限深远的探索空间。但从总体上看，在我国当代课程教学实践中，对"问题教学"的理论研究和实践探索尚不够精深，多数理论研究要么淹没在新颖概念里，要么被时髦名词所取代，不少教学实践徒有其形，硬贴标签，仅仅是形式化和浅表化的实践。

　　如何把问题学习的精神和课堂提问的形式很好地结合起来，入其神而化其形，这可能是问题学习如何落实到课堂的关键问题。当前，见到的更多的情形是，问题学习仅仅用于课外探究，而课堂提问仍然表现为教师的随意问和琐碎问。这里的核心问题是，问题如何能够激发、促进、深化学生的学习，问题以怎样的方式呈现最为适宜。如何解决上述关键问题和核心问题？我认为，潘文彬老师的"儿童问学课堂"解决得最好，现在呈现在我们面前的《还学习本来的样子：潘文彬儿童问学课堂十讲》就是对问与学、学与问、由问到学、由学到问以及二者螺旋的教学价值、教学法则、教学策略的全面阐释，是对学习发生、思维发展、素养养成的课堂教学样态的最好描述。

我们从这本书的书名中读到三个关键词：儿童、问学、课堂。从这三个关键词中我们分明读出论者所关注的焦点，并从论著中获悉这三个概念的蕴涵。儿童，无疑是一切教育教学活动的中心，这在理论上怎么重视都不为过，但在课堂教学中能否真正成为中心，一直是没能解决好的问题。而儿童问学课堂的问是学生之问，学也是学生之学，不再只是教师问学生答，这样，学生在课堂教学中的主体性便通过教学的基本范式而得以确立。问学，尽管是古老命题，但在论者那里获得了新的内涵，不仅是求学研学的一种方式，也是发展学生思维、培育核心素养的重要路径，还是发展学生主体性人格的基本动力。因为有了儿童主体性的确立和生命唤醒，有了问学的理念和精神，课堂这一特定的时空更加富有蓬勃的生命气象，彰显出它强大的磁场效应和育人效力。

通读全书，有两大特色最为亮眼，一是它的理论接地气，二是它的实践通理论。或者说，这是一部理论色彩浓郁的专著，因为它对"问学"的理论基础、价值追求进行了深入的阐述，仅我阅读所及，对问学的阐述恐怕还没有出其右者；同时，这又是一部儿童问学课堂实践的典范样例，作者不是空谈阔论，其理性思考总有实际行动和课堂实战，使理论和实践得以有机结合。再加上课堂实践由教学专家进行评析，又一次验证并回归到理论，实现了理论到实践再从实践到理论的良性循环。不仅如此，全书共十讲，也总体上形成了理论与实践的回环架构：第一讲"儿童问学课堂，探寻儿童的学习之道"和第二讲"儿童问学课堂，迈向真实而自由的学习"，阐释儿童问学课堂的立意，即高标其价值追求，从探寻学习的基本路径到儿童学习的最高境域，实质是论述儿童学习的方法论和价值论。第三讲"儿童问学课堂，追求素养本位的教学"到第九讲"儿童问学课堂，运用整合思维设计教学"，我们可以清晰地看到如何把儿童问学的理念落实到课堂教学中，这是论著的主体，也是最为闪光的部分，因为这里不仅浸透着作者关于课堂教学改革与创新的深入思考，而且体现了作者长期以来不懈的实践探索，真正打通了从理论建构到实践操作的壁垒。第十讲"儿童问学课堂，优化学科育人的新样态"，这是构建儿童问学课堂的目的论和目标论。从课堂教学改革上看，儿童问学课堂重建了课堂生态，充分发挥了学科育人的功能；从儿童发展看，儿童问学课堂可以最优化、最大化地实现促进学生发展的价值，从而回归教学本位，实现课堂教学的根本目标。

对于从事教学理论研究的我来说，阅读论著给我更多的还是促进我对问学问题的深入思考。

问是最好的学习方式。问就是学习的发生，这里所谓"学习的发生"不是指问可以促成学习的发生，而是说，问的行为（心理行为和言语行为）本身便是学习的真正发生。教学中，学生完满地回答了一个问题未必是学习的发生——因为那也可能是转述或复述了一个已知的答案，但是，提出一个很好的问题一定是学习的发生。提问，是学习主体的疑惑、质疑并寻求释疑解惑，这样一个问题产生的过程是学习，把心中的疑团转化成问题是学习，把心中的问题提炼成问句是学习，而寻求的问题解释解决则更是学习。在科学领域中，提出一个问题往往比解决一个问题更重要，而在教学领域，让学生提出一个问题比回答一个问题更有价值。

问可以导向深度学习。疑问困惑在心中，比某个知识事实在心中更有思维的冲击性，它如鲠在喉不吐不快，亦如愁绪"才下眉头，却上心头"，也可以说，问就是学习的饥渴，它对学习具有强烈的引导性和求取力。更为重要的是，问能很好地引导你不断走向深度学习。深度学习主要表现在两个方面：一是深入的理解，即不断逼近事理和本质；二是理解的迁移。而问便是指向这两个方面的"钻头"，特别是追问所形成的问题逻辑链，则更是"深孔钻头"。学生如果既有提问意识，又有追问能力，那他（她）一定是个优异的学习者，也是一个进步最快且能不断自我超越的学习者。认知如圆，其圆愈大，则圆外未知愈多。圆满的回答容易让人把脑袋缩进圆内，而提问则是叫人把脑袋探向圆外。

问可以让学习具有自塑的力量。知识、信息可以由外在的灌输而获得，也可以用死记硬背来复现，如果这些知识和信息没有被学习者真正理解，没有溶化到学习主体的素质结构中，则这些知识和信息与学习主体是油水分离的，对学习主体的发展就不起作用。而问题则不然，它一定是内发的，必定是主体基于已有理解基础上的困惑或质疑。提出问题不仅是学习新知的重要方式，也是自我理解、寻求新解的过程。用发现问题、表征问题、探究问题、理解问题、解决问题的方式来展开学习的学习者，既不会拜倒在权威的脚下，也不会成为知识的奴隶，其学习的过程是塑造主体人格、培育独立精神的过程。

因此，引导学生提出问题才能引导学生更加逼近学习的本质。学习的本质不是积累、掌握大量的知识，而是通过知识来发现问题、表征问题、厘清问题、解决问题，如若知识学习与问题无涉，则所有的学习都毫无意义，这是其一；其二，问题发现、表征、厘清、解决的过程就是真实的、深度的学习，是灵活的、有效的学习，且学生在这一过程中能真正领悟、掌握知识。

细读论著，让我进一步厘清了问与学的关系。在问与学的关系上，清代刘开《问说》一文有过论述："君子之学必好问。问与学，相辅而行者也。非学无以致疑，非问无以广识；好学而不勤问，非真能好学者也。"在刘开的理解中，问学关系主要表现为"问学相辅""问以广学"。而这本论著中对问学关系的论述，则远远丰富深刻得多，在细读理解的基础上加上我的一点漫想，问学关系可以表述为两个方面十种形态。

从问的角度看，问与学的关系有五种：

问以促学。正如论者所言："'问'是'学'的发端，学生敢'问'会'问'了，个人的思考开始了，'学'才会成为一种可能。"问是促进学习的最好方式，这是因为：哪里有问题，哪里便有思维的发生；问题是思维的引擎，是思维的源动力；如果知识是文化宫殿中的珍宝，问则是寻找珍宝的慧眼。

问以为学。问就是学习，问书、问人、问社会、问天地，便是最好的学习途径，问在哪里学在哪里，问向哪里学向哪里。儿童在哪里发问，便在哪里学习。带着问题学可以实现学习效率的最大化。

问以优学。不仅好的问题会引导好的学习，而且好的问法才是学习正确的打开方式，比如，在提问中，"问源""问流""问法"，就是指明了我们面对困惑、疑难如何发问的基本路径，有了这一路径，就不会因为陷入迷思而迷茫，而是通过发问来优化深化学习。

问以乐学。引起学习意愿的心理活动主要有三：好奇、惊异、兴趣。在这三种情形下，学习常常是入迷而快乐的。好奇、惊异、兴趣都是问题的诱导剂，都会诱发儿童乐此不疲地探究。如果儿童的学习是源于自己的好奇、惊异、兴趣，那么，他非但不会感到学习是负累，反而甘之如饴、兴味盎然。

问以实学。所有的知识都可以归化为问题的解答，所有的能力都可以转化为问题的解决。也就是说，问题的解答和解决就是知识与能力，但其获得的途径和对人发展的功效大不一样。通过问题解答和解决而获得的知识和能力是切实有效的知识和能力，不通过这一途径也能获得知识和能力，但因其无用而并非实学。

从学的角度看，问与学的关系也有五种：

学以释问。一方面，问可以引发学习，另一方面，学习也可以解答和解决问题，二者交互回环，构成学习的动态循环。问的"空白"必须由学来填补和涂彩，如果没有学的跟进和给养，则必然"死"在半路上。问不能独自成林，必由学来繁殖和加持。

学以启问。一方面，问得多才学得多，另一方面，学得多也会问得多。学习可以不断拓展视野、扩大认知的疆域，随着视野的展开和认知能力的提升，问题也会越来越多。人生的成长最为重要的基石：保持学习的心向，保有问题的意识。两块基石交替铺展，就能开启人生的地平线和地平线之外的远方。

学以深问。问的价值优劣和问题的深浅取决于你的先备知识，当你对某一方面某个领域掌握的知识越精深，你的问题就越有价值，越有值得探究的新意。反过来说，一个常识性问题或者无谓的问题也正好反映出提问者该方面的知识浅窄。因此，学得越深则问得越深，科学家的提问与我们日常提问的不同之处正在于此。

学以善问。我们知道，善问者才善学。反之亦然，善学者才善问。善学常常表现为：善于将所学的知识与切身体验相联系，与应用场景相关联；善于将所学的零散知识条理化、结构化，善于由表及里、由此及彼、由特殊到一般、由浅入深、由点到面、由面到体地学习，而这种良好的学习方式和习惯的养成，大多是通过问题串联并展开的。比如，善于进行结构化学习，他一定喜欢并善于提出结构化的问题，而善于进行学以致用的学习，他一定喜欢并善于提出知识的应用场景等问题。

学以好问。一方面，问以成学；另一方面，学以好问。因为学习需求越多，学习品位越高，越发激发学生多问常问，通过问而满足这些需要，则问便是一件快乐的事情，进而形成一种趣味和爱好。当然，好问之前要能会问，会问是一种能力，涉及对象、情境、方式等一系列相关条件，但有一个条件最为关键，即对问题有所思考，对相关方面有所了解，否则，要么瞎问乱问，要么浅问碎问。而有所思考有所了解，也就是有所学，有所学才能有所问，学得好才能问得好，进而形成一种良好的习惯。二者相互促进，互为因果，交互发展。

问学，是一个大课题，也是一门大学问，具有无限广阔的理论探索的空间和实践开掘的场域。在这方面具有理论的先行探路性和实践的深耕创新性的杰出样例，无疑是潘文彬校长领导下的南京市中华中学附属小学，而这部论著正是其理论思考与实践探索的结晶。

浩浩乎，弱水三千；渺渺乎，我只饮一瓢。以上所言只是我阅读这部力作过程中的一鳞感悟和片羽断想，或有言不尽意和意不尽理之处，请作者、读者谅察。是为序。

南京师范大学教授、博士生导师　黄伟

第 1 讲 | 儿童问学课堂，探寻儿童的学习之道

　　课堂是实施素质教育、落实学科育人的主阵地。儿童理应成为课堂的主人。这些年来，尽管语文教学改革的呼声很高，理念很新，然而，儿童学得被动，学得无趣，教师教得过度，教得无效，导致儿童主体地位的缺失以及"学"与"教"关系失衡的现象依然存在。面对现状，我们在思考，在实践，在探索——回归儿童的立场，解放儿童，呵护天性，让儿童在课堂上像儿童的样子，能够自由自在地想，无拘无束地问，快快乐乐地学；回归语文的本体，聚焦语言，发展思维，让语文为儿童的生命成长奠基；回归学习的本质，激发兴趣，培育情感，让学习成为儿童最挚爱的生活方式；回归课堂的本真，创设情境，营造氛围，任务驱动，让课堂成为启迪思维、生长智慧的学堂。于是，我们聚焦课堂，研究儿童问学课堂，试图以此来激活儿童思维，优化课堂生态，变革教学样态，使学生的"学"与教师的"教"能够达到一种动态的平衡，以改变当下课堂教学的些许窘状和尴尬。

一·儿童问学课堂的意蕴界说

　　什么是"儿童问学课堂"呢？这是本原性的问题。回答这个问题，我们首先要研究儿童这个课堂的主体，正确地认识儿童，科学地教育儿童，让儿童像儿童的样子。

　　唐代柳宗元在《种树郭橐驼传》中讲种树的诀窍是：顺木之天，以致其

性。"天"，即为树木生长的基本环境和规律；"性"，乃为树木的本性。其意思是说，种树要顺从树木生长的规律，让树木彰显自己的本性。育人和种树的道理其实是相融相通的。卢梭在《爱弥儿》中说："大自然希望儿童在成人以前，就要像儿童的样子。"让儿童像儿童的样子，我们的教育教学就得有"顺木之天，以致其性"的思想与智慧，尊重儿童，理解儿童，引导并唤醒儿童自我成长，让儿童通过学习获得生动活泼的发展。

然而，当下的部分语文课堂中，儿童还不像儿童的样子，他们的天性没有得到应有的遵从，有意无意地束缚儿童天性的现象还时有发生：儿童正当的兴趣或被视为问题，正常的活动或被视为好动，执著的追求或被视为愚顽，他们的质疑时常被忽略，他们的言说经常被敷衍，他们的思维常常被固化……儿童稚嫩而柔弱的肩膀上承载着过多过重的东西，学业负担沉重，他们拥有的属于自己的闲暇时间少之又少，儿童被强加了诸多成人的"愿望"。于是，一些儿童被教化成了"年纪轻轻的博士和老态龙钟的儿童"。

让儿童像儿童的样子，首先要给予儿童自由的时空。儿童就是儿童，儿童的成长需要自由的呼吸。法国存在主义文学大师加缪说："自由应是一个能使自己变得更好的机会。"还儿童自由，就要践行陶行知先生的"六大解放"理念，即：解放儿童的头脑，使之能思；解放儿童的双手，使之能干；解放儿童的眼睛，使之能看；解放儿童的嘴，使之能讲；解放儿童的空间，使之能接触大自然和社会；解放儿童的时间，不逼迫他们赶考，使之能学习自己渴望的东西。倘若这样，就是为儿童创设了"使自己变得更好的机会"。如此，儿童的学习就会变得丰富多彩，其乐无穷；儿童的成长就会变得异彩纷呈，自然而然。

让儿童像儿童的样子，要用对教育儿童的方法。儿童是成长中的人，其身心处在一种待发展的状态，具有无限的可能性。教育教学就是将这种可能性转变为一种现实性。卢梭说："误用光阴比虚掷光阴损失更大，教育错了的儿童比未受教育的儿童离智慧更远。"不误用光阴，不教育错儿童，这是最为朴素的教育良知。因而，我们要研究儿童，研究儿童的学习，精准施教，为每一位儿童的学习提供适合的资源，让儿童的成长变得优雅而舒展。

让儿童像儿童的样子，还要能宽容儿童的错误。儿童犯错误是再正常不过的事了。错误对于儿童的成长来说也是美丽的，因为儿童是在不断犯错、纠错的过程中成长起来的。因此，对待儿童的错误要有一种宽容之心，科学地认识儿童的错误，善于转化和利用儿童的错误，让儿童能经一事，长一智。这样，儿童的成长就会变得从容而美丽。

因此，让儿童像儿童的样子，就是要顺应儿童的天性，遵循儿童的身心发展规律，发现儿童的可能性，并且采用儿童喜闻乐见的方式将这种可能性变成一种现实性，进而走向一种创造性。

在理解和认识儿童的基础上，我们再来探寻"问学"的意蕴。"问学"一词出自《礼记·中庸》："君子尊德性而道问学，致广大而尽精微，极高明而道中庸。""君子尊德性"的意思是说，谦谦君子是把至诚的德性作为最尊贵的追求。用现在的话来说，就是立德树人。"道问学"说的是，"问"和"学"是修养德性的方法和途径。这就启示我们，"问"和"学"是落实立德树人根本任务的最佳路径。无独有偶，1515 年，明代大思想家王阳明在南京的"龙江问学"，提出"心外无物"的观点，奠定了"知行合一"的理论基础。中华中学附属小学始建于光绪三十一年，原名"龙江学堂"，正是位于当年王阳明在南京"龙江问学"之处。所以，我们提出的"问学"源于中华优秀文化之传统，承古人之智慧，接时代之新风，在立德树人的背景下赋予其新的内涵。

许慎的《说文解字》里这样解释"问"："问，讯也。从口，门声。""问"是形声字，是开口说。言为心声，开口言说了，心门自然就打开了。"问"是打开知识殿堂的"金钥匙"，是通向成功之门的"铺路石"。古往今来，许多名人都曾谈及"问"的重要性。明代文人陈献章说过："前辈谓学贵有疑，小疑则小进，大疑则大进。疑者，觉悟之机也。一番觉悟，一番长进。"此话道出了质疑问难是生成觉悟、获得长进的学习之道。科学家爱因斯坦说："提出一个问题往往比解决一个问题更重要。因为解决一个问题也许仅是一个数学上或实验上的技能而已，而提出新的问题、新的可能性，从新的角度去看旧的问题，却需要有创造性的想象力。"此话强调了提出问题与解决问题的差异，值得我们思考。教育家陶行知说："发明千千万，起点是一问。禽兽不如人，过在不会问。智者问得巧，愚者问得笨。人力胜天工，只在每事问。"此诗对"问"作了全方位、多角度的阐释，发人深省，给人启迪。

其实，儿童是天生的好问者。教师要善待儿童的"问"，对此《礼记·学记》中就有这样的话："善待问者如撞钟，叩之以小者则小鸣，叩之以大者则大鸣，待其从容，然后尽其声。"曾几何时，儿童之"问"与语文课堂渐行渐远，儿童在课堂上，不敢"问"，不会"问"，无权"问"。"问"似乎只是教师在课堂上的一种专利和特权。所以，"问学"之"问"，是相对于教师"问"得过多，"讲"得过碎而说的，强调对儿童主体的尊重，强调学习者的主动性，把"问"的权利还给儿童，让儿童在学习的过程中萌"问"、想"问"、敢"问"、会"问"、乐"问"、善"问"，提出有价值的问题，产生学习探究的欲望。

"学"也是一个很有意味的汉字，其体现出古人造字的思维与智慧。其繁体字"學"，上半部分像双手构木为屋形，"爻"意味着学习中，人与自然、人与人、人与社会之间的交互作用；"爻"的两边是手，意思是说，学是一种动手操作实践，是在做中学。下半部分是房屋之下配以"子"，指示学习的对象是尚未开蒙的孩童。"学"是一件很有意思的事情，"学"能给人愉悦的体验和快乐的享受，《论语·学而》开篇就说"学而时习之，不亦说乎"；"学"需要有持久的定力，不能懈怠和停止，《荀子·劝学》提醒我们"学不可以已"；"学"能让人知晓不足，反躬自问，不断进取，《礼记·学记》中有"学然后知不足……知不足，然后能自反也"的说法。这些强调的都是"学"，而非"教"。美国课程论专家拉尔夫·泰勒也说过："学习是通过学生的主动行为而发生的，学生的学习取决于他自己做了什么，而不是教师做了什么。"

问学之"学"是一种满怀"好奇"之学。好奇是科技创新和人类文明进步的源动力。爱因斯坦曾说："我没有特殊的才能，我只是激情般地好奇。"所以，课堂教学要爱护学生的好奇心和求知欲，让学生能够满怀好奇地学习。

问学之"学"是一种心生"好问"之学。诚如清代文人刘开在《问说》中所言："君子之学必好问。问与学，相辅而行者也。非学无以致疑，非问无以广识；好学而不勤问，非真能好学者也。理明矣，而或不达于事；识其大矣，而或不知其细，舍问，其奚决焉？"因此，课堂教学要能够充分激发学生的问题意识和进取精神，培养学生的想象力和创造力，让学生能够敢于提出自己感兴趣的、有意思的问题，在问题驱动下展开学习。

问学之"学"还是一种充满"好思"之学。"好思"之"思"，是思考、思维、思想之"思"。"学"与"思"相伴而生，相得益彰。孔子说："学而不思则罔，思而不学则殆。"哲学家笛卡尔说："我思故我在。"故而，课堂教学要发展学生的思维，让学生学会独立性思考，不人云亦云；学会创造性思考，不因循守旧；学会批判性思考，不盲目接受。

人们常说，学问学问，既要"学"又要"问"。"学"与"问"，其实是一个相辅相成的有机整体。科学家李政道说："学问学问是要学会问，而不是只学会答。"所以，问学之"学"，是针对于教师主宰课堂，"教"得过度而言的，强调学习者的主体性，强调教师的退位让学，适度施教，以学定教，变教为学，让学生在课堂上主动地学，快乐地学，真正地学。

其实，儿童的学习始于"问"，成于"学"，即从问题开始，在问题的驱动下学习探究，在探究中解惑，在解惑中生智。问学，就是由"问"而"学"，因"问"而"学"，先"问"后"学"，循"问"而"学"，这种以"问"为发端的学习正是合乎儿童天性、顺应儿童发展的一种学习方式。所以，问学之"学"是尊重儿童的认知规律、循序渐进的"学"，也就是《礼记·学记》中所言"学不躐等""不陵节而施"之学。

问学，当然不是一般意义上的提问，而是一种思维品质，是一种质疑问难，是一种探索实践，是一种求知过程。儿童在问题的驱动下，自主学习，主动探究，围绕核心知识的运用，大胆地"问"，主动地"学"，寻求解决问题的方法和策略，在自主、合作、探究的过程中学会学习，快乐成长。

"问学"体现的是学生学习的主动性和主体性。但"问学"之"问"不只是儿童，教师也需要"问"，教师要基于学情，紧扣目标，问课标，问教材，问教法，问学生，从而使教学能够贴近学生的实际。这样，儿童的"问学"和教师的"问教"才能和谐互动起来，使课堂呈现出一种动态的平衡。

所以，儿童问学课堂就是以儿童"好奇、好问"的天性为课堂教学的出发点，构建新的课堂教学系统，使教学从儿童的立场出发，关注儿童生态，守护、激扬儿童天性，面对儿童的"问学"，教师不打断、不指责、不呵斥、不敷衍，激发和引导儿童的发展，帮助儿童完善自己的成长过程，以促进每一个儿童最优发展为根本旨归。

二·儿童问学课堂的价值追寻

儿童问学课堂是追寻学习本然样态的课堂，是让儿童天性中最绚丽的花儿在学习中尽情绽放的课堂。所以，儿童问学课堂是焕发出生机和活力的课堂，儿童问学课堂的价值追寻就在于让课堂教学回归儿童，回归本源，使得学习能够真实地发生。

（一）儿童问学课堂，促进儿童思维的发展

"问"是一种学习品质，更是一种思维方式。儿童问学课堂，不只是为了获得知识，更是为了启迪心智，发展思维。儿童提出问题需要驱动思维，解决问题也需要思维的参与。所以，儿童问学课堂是富有思维张力的课堂，是学生不断经历思维爬坡的课堂。当然，儿童问学课堂虽然关注儿童的"问"，但也不放弃教师的"问"。因为儿童毕竟是儿童，他们的"问"需要教师的启发和引领，他们的思维有时还需要以教师的"问"来激活。教师要转变教学方式，最大限度地把"问"的权利交给儿童，不能越俎代庖，以自己的"问"来代替儿童的"问"。只有这样，才能通过"问"来培育儿童的思维品质，通过"问"来转变儿童的学习方式。这是儿童问学课堂的一种特质。

（二）儿童问学课堂，有助于儿童智慧的生长

课堂是智慧生长的地方。有人曾譬喻："传授知识是录入数据，传授方法是拷贝程序，那么，启迪智慧就是设计程序。有了智慧，没有知识也能获得知识，没有方法也能获得方法。反之，没有智慧，最多是一台电脑；如果连方法

也没有，最多只能是张刻满了数据的光盘。"启迪智慧是儿童问学课堂的应有之义。儿童问学课堂为儿童的智慧生长提供了土壤、阳光和雨露。儿童在课堂上"问"和"学"都是需要启动智慧的，他们提出一个有价值的问题，需要智慧，解决一个问题，也需要智慧。学生的智慧就在"问"与"学"之间，在提出问题和解决问题之间，来回行走，相互砥砺，汲取一种生长的力量，获得可持续发展的能力。这是儿童问学课堂的一种魅力。

（三）儿童问学课堂，有利于儿童素养的提升

儿童问学课堂，不只是为了提出问题、解决问题，更是为了激发儿童学习的兴趣，使其习得学习的方法，提升学习的能力。所以，儿童问学课堂尤为关注儿童"问"的兴趣，激发儿童"问"的意识，使儿童对"问"保持一种浓厚的兴趣。其实，小学六年，如果能把儿童好奇、好问的天性保持住，这远比教给孩子枯燥的知识更为重要。当然，儿童问学，需要教给一些"问"和"学"的方法和策略，让儿童在问学的过程中会"问"会"学"，习得方法，生成智慧，提升素养。儿童问学课堂，让课堂从知识教学走向素养提升。这是儿童问学课堂的一种追寻。

儿童问学课堂的"问"与"学"是相辅相成、同生共构的。如果儿童在课堂上真的"问"起来了，"学"起来了，那么，我们的课堂就会充满无穷的魅力。"问"，就会开启儿童"智慧的眼睛"；学，就会筑起儿童"精神的房子"。唯其如此，真实的学习才会自然而然地发生。

《司马光》(统编版三年级上册)
教学实录

一·导入课文,读通读顺

师:今天,我们来学习第八单元。(PPT出示)一起读——

生:(读)美好的品质,犹如温暖的阳光,带给我们希望和力量。

师:读了这句话,你们头脑中有没有产生一种好奇与疑问?

生:"美好的品质"是什么意思?

生:美好的品质是怎样给我们带来希望和力量的?

师:多好的问题呀!

生:这里的"阳光"是太阳照射的光吗?

师:你真善于思考。还有这两句话谁来读?第一句话,你来——

生:(读)学习带着问题默读,理解课文的意思。

师:第二句话,请你读——

生:(读)学写一件简单的事。

师:知道这两句话是什么意思吗?

生:这两句话说的是第八单元的学习任务。

师:很好,就让我们带着这样的好奇和疑问走进第八单元。

生:(读)第24课《司马光》。

师:你们知道司马光姓什么吗?

生:姓司,姓司马……

师:到底姓什么?

生:司马。

师：司马是复姓。他的名字叫什么？

生：光。

师：姓司马名光，所以，"司马"是一个——

生：姓。

师：我们班上有没有同学的姓氏是复姓的？

生：没有。

师：那你们还知道哪些复姓？

生：上官，欧阳。

师：你说了两个。

生：诸葛。

师：姓诸葛的，最有名的是谁？

生：诸葛亮。

师：司马光，你们了解他吗？

生：我知道司马光砸缸的故事。

师：你什么时候知道这个故事的？

生：上幼儿园的时候，妈妈讲给我听的。我知道司马光是一个很聪明的孩子。

师：请大家打开课本，先自己读一读课文，看看课文讲了司马光的什么故事。

生：这篇课文就是讲司马光砸缸的故事。

生：这个故事是用文言文写的，和现在的文章不一样。

师：你非常厉害，都知道这个故事是用文言文写的。数数课文有多少个字。

生：有 30 个字。

师：以前，你爸爸妈妈或者爷爷奶奶，给你讲的司马光砸缸的故事是 30 个字吗？

生：以前，妈妈给我讲的故事很长，不止 30 个字。

师：同样的故事，用文言文讲，只有——

生：30 个字。

师：对于一篇只有 30 个字的文言文，你们有什么好奇和疑问吗？

生：只有 30 个字，它是怎么把故事讲清楚的？

生：文言文怎么读啊？

……

师：看来，同学们对文言文充满了好奇。那文言文该怎么读呢？我来给大家朗读一遍，满足你们的好奇心。（师范读）

师：听老师朗读后，你们有什么感觉？

生：文言文听起来很好听，老师读的声音有高有低。

师：它跟我们以前读文章的感觉一样不一样？

生：我觉得不怎么一样，因为它是用古文来讲的，我有一点儿听不懂，但是感觉有一种深深的韵律感在里面。

师：给他掌声。文章虽然很短，但是听起来很有韵味，这就是文言文的魅力。一起来跟我读，看看怎么读好词句间的停顿。（生逐句跟读）

师：这篇文言文读起来有没有节奏？

生：有。

师：有没有韵味？

生：有。

师：刚才，我们读的时候词句间是怎么停顿的？第一句谁来读读看？

生：（读）群儿 / 戏于庭，一儿 / 登瓮，足跌 / 没 / 水中。

师：第二句，你来读——

生：（读）众 / 皆弃去，光 / 持石 / 击瓮 / 破之，水迸，儿 / 得活。

师：好，自己放声读一读课文。（生自由朗读）

师：谁来把课文朗读一遍？（指名读）

师：节奏很准，字正腔圆，真好！

二·自主识写，教授他人

师：刚才在读课文的时候，这几个字，你们关注了没有？

生：关注了。

师：先自己读一读，把字音读准确。

生：（读）司、跌、皆、弃、持。

师：任务来了，谁来读读这个任务？

生：（读）这些汉字中，你最想教大家记住哪个字？

师：要当小老师教大家，你最想教大家哪个字，用什么好办法来记住它？（指一生）好，你现在是老师了，你贵姓？

生：姓陈。

师：陈老师，你要教大家哪一个字？

生：我要教大家来记"跌"。如果把"跌"拆开来的话，就是"足"和"失"，可以组词为失足，失足的意思就是跌。这个字可以这么来记。

师：理解陈老师的意思吧？

生：理解。

师：谁来把陈老师教给大家的内容消化一下？（指一生）你理解陈老师的意思吗？

生：他说的是先把"跌"的"足"和"失"分开，然后再倒过来读，就是失足，失足的话就跌倒了。

师：这个字好玩吧？足、失，脚失去了平衡，就会——

生：跌倒。

师：陈老师真聪明，你让我们学到了一招。

……

师：我们一起再来把这几个生字读一遍，强化一下记忆。

生：（读）司、跌、皆、弃、持。

师：记忆了五个字，还有这七个字是要我们书写的。（出示：司、庭、登、跌、众、弃、持）现在任务又来了，一起读——

生：（读）这些汉字中，你最想教大家书写的是哪一个字？

师：请大家把《习字册》打开，仔细观察这七个汉字，看看怎样把它们写正确、写漂亮。然后把你要教大家书写的那个汉字，用心描一遍、临一遍，并想一想怎么教大家来书写这个汉字。（生自主读帖临写）

师：选好了没有？

生：选好了。

师：陈老师，你来推荐一个女生来当小老师教大家，好吗？（一生到黑板前）

师：你可以一边写一边跟同学讲，好吗？

生：我要教大家书写"庭"这个字，这是个半包围结构的字，外面是"广"，里面是"廷"，这个下面不是走之底，而是建字底。

师：这个提醒很重要，"庭"里面的建字底几笔写成？

生：两笔。

……

师：刚才，这几位小老师教大家如何写好"庭、众、登"这几个汉字，教得很好！下面请大家把这几个字认真地临一临，临一遍就行，注意写字姿势，把字写漂亮。（生临写）

师：认字，写字，读书，学语文就这么简单。现在，请把书捧起来，再读一读这篇课文。

三·借助注释，讲述故事

师：你们发现了没有，这篇课文下面有什么？这跟我们以前学的什么课文比较相似？

生：课文下面有"注释"。我们前面学过的《古诗三首》有"注释"。

师：《古诗三首》当中有"注释"，前面才学过。这里也有"注释"，所以，学文言文我们要关注"注释"。注释的是什么内容啊？

生：注释的是一些比较难理解的字词的意思。

师：是的。下面任务又来了。一起读——

生：（读）你能借助注释，用自己的话讲一讲这个故事吗？

师：你们以前听爸爸妈妈、爷爷奶奶或者老师讲过这个故事。今天，我们就来讲讲这个故事，要借助什么来讲？

生：注释。

师：讲故事要注意什么？

生：要讲得有趣一点，生动一些。

生：要把主人公和内容讲得清楚一些。

师：讲故事，要把故事的来龙去脉讲清楚，也就是要把故事发生的时间、地点、人物，故事的起因、经过、结果讲清楚。这是讲故事非常重要的一点。下面，我们就来借助注释讲讲这个故事。（出示"群儿戏于庭"）

师：这里哪一个字有注释？

生："庭"的注释是"庭院"。

师：你们有没有发现这是用什么方法来注释的？

生：我发现是用组词的方法来注释的。

师：其实很简单，就是用组词的方法来注释的。那这个"群"，你们能用这个方法来解释吗？

生：一群。

师：是不是组词的方法？

生：对。

师：这个"儿"呢？

生：儿童。

师：是不是组词的方法？这个"戏"呢？

生：游戏。

师：是不是组词的方法？

生：是。

师：这当中还有一个字很关键，"于"是什么意思？

生：在。

师：好，那"群儿戏于庭"是什么意思？

生：一群儿童在庭院里玩游戏。

师：你们发现了没有，他在讲的时候把什么顺序调了一下？（生讨论）

师：哦，把一些词语的顺序调了一下来说，就与我们现在的表达习惯一致了。这就是文言文跟我们现代文不一样的地方。假如这群孩子不是在庭院里面玩，而是在树林里面玩，用文言文该怎么说呢？

生：一群小孩子在树林里做游戏。

师：不习惯用文言文说，是吧？

生：群男戏于林。

师：哦，你是男孩子，不希望与女孩子一起玩。应该怎么说？

生：群儿戏于林。

师：男女不重要，开心才重要。你们发现了没有，文言文跟现代文相比，一样不一样？

生：感觉就是把我们现代文简化了一下。

师：你的意思是说，文言文比现代文简洁。这就是文言文的又一个特点，它比较简洁明了。就是这简单的五个字，给我们交代了故事发生的——

生：地点。

师：地点在哪里？

生：庭院。

师：有哪些人？

生：一群儿童。

师：这群孩子当然包括司马光。他们在庭院里干什么？

生：做游戏。

师：只用五个字，就把这些内容说清楚了。这就是文言文的魅力。这群孩子在庭院当中玩得怎么样？

生：玩得很开心。

师：你们能想象得到他们玩的情景吗？比如说，他们是怎么玩的，有的玩什么，有的玩什么。

生：他们有的玩捉迷藏，有的玩……

师：谁来帮他补充？

生：有的拿树枝在地上画画。

生：有的玩老鹰捉小鸡。

……

师：他们玩得开心不开心？

生：开心。

师：读——

生：群儿戏于庭。

师：你脑海里有画面吗？读——

生：群儿戏于庭。

师：大家玩得非常开心。有的在捉迷藏，有的在画画，有的在踢毽子，有的在玩其他的我们可能还说不出来的游戏，比如说滚铁环，玩跳马，等等。这是一个什么样的场面？

生：非常热闹。

师：读——

生：群儿戏于庭。

师：你们读的时候，有没有把眼前的这个画面读出来？读——

生：群儿戏于庭。

师：群儿都在戏，有一个孩子戏得很特别，他在戏什么呢？读——

生：（读）一儿登瓮，足跌没水中。

师：这个孩子在戏什么？

生：登瓮。

师：结果呢？

生：足跌没水中。

师：这句话中哪一个字有注释？

生："瓮"字有注释，"瓮"是口小肚大的陶器。

师：（PPT 出示图片）图上哪一个是"瓮"？谁来指认一下？

生：图上这个是"瓮"。

师：瓮，是口小肚子大的陶器，过去人们常用瓮来装水、酒、米。这里用"瓮"装什么？

生：水。

师：前面大家讲司马光砸缸，其实"缸"跟"瓮"不一样，缸是口大肚子小的陶器。讲司马光砸缸还是不太准确的。这里的"登"是什么意思？

生："登"的意思跟"爬"差不多。

师：你们发现，他是用什么方法来解释这个字的？

生："登"和"爬"的意思是相近的，所以，这两个字可以调换。

师：你是用一个近义词来替换的。这句话中还有没有用这种方法来解释的字词呢？

生："足"可以用"脚"来替换。

师：用意思相近的词语来替换，这是理解文言文的又一种方法。那这句话是什么意思呢？

生：一个小朋友爬到瓮上面，脚一滑摔到了瓮里面去了，淹没在水中。

师：这个事情发生得突然不突然？

生：突然。

师：读——

生：（读）一儿登瓮，足跌没水中。

师：意外不意外？

生：意外。

师：读——

生：（读）一儿登瓮，足跌没水中。

师：危险不危险？

生：危险。

师：读——

生：（读）一儿登瓮，足跌没水中。

师：非常意外、非常危险的事情发生了，这就是这个故事的——

生：起因。

师：从这句话当中，我们弄清楚了这个故事的起因。起因是什么？读——

生：（读）一儿登瓮，足跌没水中。

师：这群孩子看到这么危险的场景，怎么样了呢？

生：（读）众皆弃去。

师：这里哪个字有注释？

生："皆"的注释是全、都。

师：那"众皆弃去"是什么意思？

生：其他孩子看到这情景全都吓跑了。

师：这时候，你们的脑海里有没有画面？

生：他们都跑回家了，去喊大人来救落水的孩子。

生：他们有的吓哭了，不知道怎么办，就跑掉了。

师：对这场意外的发生，这些跑掉的孩子有没有办法？

生：没有。但是，司马光没跑，"光持石击瓮破之"。

师：这句话什么意思？

生：司马光拿起石头砸瓮，把瓮砸破了。

师：这里有几个表示动作的词，你发现了吗？

生：有三个动词是：持、击、破。

师："之乎者也"，在文言文中经常出现。这里的"之"是什么意思？

生："之"是指瓮里的水。

师：是吗？"光持石击瓮破之"，司马光砸破的是什么？

生：司马光砸破的是瓮。"之"在这里是指瓮。

师：是的。学文言文的时候，我们要学会联系上下文理解字词的意思。一起读——

生：（读）光持石击瓮破之。

师：司马光拿起石头砸瓮的举动，果断不果断？

生：果断。

师：一起来果断地读一读。

生：（读）光持石击瓮破之。

师：有没有力量？

生：有。

师：读——

生：（读）光持石击瓮破之。

师：有没有效果？

生：有。

师：再读——

生：（读）光持石击瓮破之。

师：司马光与其他孩子一样不一样？

生：不一样。其他孩子都跑了，司马光没跑。

师：不但没有跑，还"持石击瓮破之"。结果呢？

生：水迸，儿得活。

师：这里哪个字有注释？

生："迸"，是"涌出"的意思。

师：那这句话是什么意思？

生：水一下子从瓮里涌了出来，这个孩子得救了。

师：语文书上的插图描绘的就是这个场景。读——

生：（读）水迸，儿得活。

师：这是这个故事的结果。刚才，我们把这个故事的来龙去脉理清楚了。

谁愿意上来讲讲这个故事?

生: 有一群孩子在院子里玩游戏，一个小孩子爬上了瓮，一不小心掉到了瓮里面。其他小孩都跑走了，司马光搬起石头砸瓮，把瓮砸出一个洞。水一下就涌了出来，那个小孩得救了。

师: 故事讲得清楚明白。那么，还有哪些地方，你们听得不过瘾呢? 也就是说，在这个故事里，你们还想听到些什么?

生: "足跌没水中"，"足"是怎么"跌"的?

生: 足跌没水中的小孩有没有呼救?

师: 老师最想听的是"群儿戏于庭"到底是怎么"戏"的，"众皆弃去"到底是怎么跑的。发挥你们的想象力，谁再来讲一讲?

生: 一群孩子在庭院里开心地做游戏，他们有的玩捉迷藏，有的滚铁环，有的在地上画画，玩得非常高兴。可是，有一个孩子却去玩瓮，他爬上瓮，一不小心，脚一滑，掉进了瓮里……

师: 讲得好! 老师为什么想听同学们讲这两个画面呢? 因为把这两个画面讲清楚了，就把两个"不一样"讲出来了。一个是"群儿"与登瓮的孩子的不一样，还有一个是司马光和其他孩子的不一样。希望同学们展开想象，把这两处画面补充进去，这样就会产生强烈的对比，就能把故事的起伏讲出来。现在，请同桌互相再讲一讲。(同桌合作讲故事)

师: 现在你们最想听谁来讲? (生绘声绘色讲故事)

四·体会品质，熟读成诵

师: 他把事情的来龙去脉讲得非常清楚。刚才，我们借助注释讲了这个故事，现在我们再来读这句话——

生: (读)美好的品质，犹如温暖的阳光，带给我们希望和力量。

师: 之前是哪位同学问"美好的品质"是什么意思的? 现在，你知道了吗? 你想用什么词语来为司马光点赞?

生：我想用"勇敢"来为司马光点赞。

师：勇敢是一种品质。把它写到黑板上。

生：机智。

生：爱动脑筋。

生：善于思考。

生：敢于尝试。

生：沉着冷静。

（生把想到的词语分别写到黑板上）

师：这些都是司马光身上的优秀品质。我们一起读读。（生读词语）

师："美好的品质，犹如温暖的阳光，带给我们希望和力量。"在这个故事当中，司马光身上的美好的品质给谁带来了希望和力量？

生：在这个故事中，司马光身上的美好的品质给那个掉进瓮里的孩子带来了生的希望。

师：是什么给这个孩子带来了生的希望呢？一起读——

生：（读）美好的品质，犹如温暖的阳光，带给我们希望和力量。

师：谁问"阳光"是什么的？你现在知道了吗？

生：知道了。"阳光"是司马光身上的优秀品质。

师：那我们今天学习这个故事，给我们带来了什么希望和力量？

生：带给我的希望和力量是，我们做事要善于思考，要乐于帮助别人。

生：我们要像司马光那样，遇到事情不慌张，要敢于尝试。

……

师：我们再来读这篇课文，体会司马光身上的美好的品质。（生齐读课文）

师：同学们，文言文在古时候是没有标点的，去掉标点，你们还会读吗？读读试试。（指名读）

师：给他掌声。文言文在古时候不但没有标点，而且是从右往左竖着写的。还会读吗？（生齐读）

师：（PPT空白）还会读吗？（生齐声背诵）

五 · 比较不同，揣摩特点

师：今天，我们学习了《司马光》这篇文言文，你们觉得文言文有意思吗？

生：我觉得有意思。文言文很短，字数不多，但是它包括了很多意思，内容很丰富。

师：这篇文言文只有30个字，却把司马光砸瓮救孩子这个故事的来龙去脉讲得清清楚楚。这就是文言文的魅力所在。

生：我也觉得文言文有意思。文言文读起来朗朗上口，很有节奏感。

师：让我们再读读这篇课文，体会文言文不一样的特点。（生齐读课文）

师：课文学完了，你们的头脑里有没有产生新的问题？

生：那个孩子为什么要去爬瓮？

师：那个孩子玩危险游戏，要不是司马光冷静机智，他可能就没命了。我们玩游戏、做事情的时候要考虑到风险。

生：瓮那么高，那个孩子是怎么爬上去的？

师：有问题就是好样的，如果有兴趣可以继续去研究。

生：以后还会学到文言文吗？

师：看来，你对学文言文很感兴趣。至于以后的语文书上会不会出现文言文，暂时保密。希望你保持住这种好奇和期待。当然，你也可以课后去找一些简短的文言文来读一读。

- - - - - - -
名 师 评 析
- - - - - - -

儿童问学，有灵魂的学习

好奇与疑问，是儿童的天性，是儿童之所以为儿童的特质。特级教师潘文彬先生与其团队从儿童的天性出发，提出"儿童问学课堂"的教学主张，顺乎儿童天性，合乎儿童特点，努力让课堂成为儿童的学堂，让儿童成为成长中的儿童，找到了一条极富学校特质的"童学之道"。潘老师执教的文言文《司马光》一课，足以管窥其倡导并积极践行的儿童问学课堂的原理与路径。

一·儿童问学，带着问题学

好奇，驱动儿童开始观察世界；发问，引导儿童无限接近世界的现象之内。儿童问学课堂，把问的权利还给学生，把学的平台提供给学生，把问的能力培养落到了实处。教学伊始，潘老师呈现了一句话——"美好的品质，犹如温暖的阳光，带给我们希望和力量"，引导学生产生"好奇与疑问"。看似与文本内容无关的环节设计，旨在轻拨学生"问"的心弦。于是，学生的"问"喷薄而出："'美好的品质'是什么意思？""美好的品质是怎样给我们带来希望和力量的？"……在问的氤氲中，学生带着"好奇与疑问"直面文本，问学《司马光》。在教学现场，学生关于《司马光》的"问"多样且多维，一发而不可收。在问中，学生的思维逐步接近本单元的教学任务，接近文言文阅读的重点，接近人物类文本探究的内核：这篇文言文只有30个字，是怎样把故事讲清楚的？文言文怎么读啊？

儿童问学课堂，需要从问题开始学，带着问题学；儿童问学课堂，不只追求"问"的数量，更追求"问"的质量。从这个维度来说，潘老师在《司马光》一文教学的开始，就为我们鲜活而直观地呈现了"儿童问学课堂"可视化的模样。

二·儿童问学，儿童自己学

善学始于问。好的学习都是从"问"开始的。问学，利用儿童问的天性，激活学生问的欲望，让学生置身知识的正中央，成为学习的主人。儿童问学课堂，激活学生问的兴趣，培养学生问的习惯，提升学生问的能力，让学生在

"问"中解决自己能解决的问题,让课堂真正成为"学生自己的课堂"。

在引导学生读出文言文的节奏与韵味的基础上,潘老师让学生做课堂的"小先生":这些汉字中,你最想教大家记住哪个字?用什么好办法来记住它?于是,一个"小先生"说:"我要教大家来记'跌'。如果把'跌'拆开来的话,就是'足'和'失',可以组词为失足,失足的意思就是跌。"潘老师没有停留于这一个"小先生"的精彩,而是更进一步地激发,以为更多的学生搭建做"小先生"的平台:"谁来把陈老师教给大家的内容消化一下?"于是,第二位"小先生"诞生。

在引导学生写好字的环节,潘老师继续让学生在"小先生"的角色中经历"问"与"学":"请大家把《习字册》打开,仔细观察这七个汉字,看看怎样把它们写正确、写漂亮。然后把你要教大家书写的那个汉字,用心描一遍、临一遍,并想一想怎么教大家来书写这个汉字。"——这是在驱动学生的"问"与"学"。当小先生这样教——"我要教大家书写'庭'这个字,这是个半包围结构的字,外面是'广',里面是'廷',这个下面不是走之底,而是建字底",潘老师及时点拨:"这个提醒很重要,'庭'里面的建字底几笔写成?"——这是在教师的追问中深化学生的"学"与"问"。

儿童问学课堂,是儿童自己学的课堂;问题,是撬动儿童自己学的"支点"。在潘老师的引导下,学生在学习中生发问题,在不断生发的问题中渐渐逼近学习任务的内核。

三·儿童问学,师问助推学

低效甚至无效的课堂学习,学生仿佛在平地上行走,甚至是在平地上向四面八方行走。儿童问学课堂中的学习行为,因为有了问题的引领,特别是关键问题的不断叠加,学生学习的目标感、爬坡感变得更加可感,学生学习的过程被打开,课堂充满了体验与获得。为了达到这样的问学境界,潘老师一方面关注"生问"的质量,一方面关注"师问"在学生问学过程中的及时点化与关键引领。

在引导学生读懂文言文的过程中，潘老师及时发出有价值的"师问"，让课堂问学更有方向感，更具目的性，课堂有了深度与厚度。潘老师问："你们发现了没有，这篇课文下面有什么？这跟我们以前学的什么课文比较相似？"于是，学生在"师问"中关注文言文的教材注释。在学生借助注释粗知文本大意的基础上，潘老师问学生："讲故事要注意什么？"于是，学生在"师问"中开始把司马光的故事讲得"有趣一点""生动一些"。在学生发现"庭"的注释是"庭院"时，潘老师问学生："你们有没有发现这是用什么方法来注释的？"学生在"师问"中被点化：组词，是理解文言字词的重要方法。一个学生理解"群儿戏于庭"的意思时，潘老师问学生："你们发现了没有，他在讲的时候把什么顺序调了一下？"学生在"师问"中顿悟：调整语序，是理解文言文的又一种方法。

发问的意识，提问的能力，是学生养成语文素养的重要一环。儿童问学课堂更加关注课堂中"问"的支架与牵引作用，针对不同的文本特点，针对不同年段的学生阅读水平，在"生问"与"师问"的彼此交替中，推动学生的问学行为向文本深处潜行。

四·儿童问学，归于问的学

最高阶的学习，不是获得多么丰富的知识，而是在知识的传递过程中不断地产生新的问题。儿童问学课堂，以"问"串起学生的"学"，又在"学"的过程中不断地产生新的"问"。这就是潘文彬老师和他的团队在问学理论中提出的"问源""问流"与"问法"。儿童问学课堂，不以知识学习的完成为重点，而是更加追求在"新问"中为课堂留白，为学生的再学习蓄势赋能！

在《司马光》一文的教学过程中，学生理解了"群儿戏于庭"一句的意思，潘老师问："假如这群孩子不是在庭院里面玩，而是在树林里面玩，用文言文该怎么说呢？"学生回答："群儿戏于林。"这是儿童问学课堂的"问法"。

在学生绘声绘色地用自己的语言把故事讲得清楚明白以后，潘老师点拨："还有哪些地方，你们听得不过瘾呢？也就是说，在这个故事里，你们还想听到些什么？"一生问："'足跌没水中'，'足'是怎么'跌'的？"又一生问："足跌没水中的小孩有没有呼救？"老师紧接着追问："老师最想听的是'群儿戏于庭'到底是怎么'戏'的，'众皆弃去'到底是怎么跑的。发挥你们的想象力，谁再来讲一讲？"这样的"生问"与"师问"，相得益彰，相映成趣，相荡生智，这是潘老师在教学过程中引导学生"问流"。

在教学的最后，潘老师继续把儿童问学课堂的"问"引向更高的层级："今天，我们学习了《司马光》这篇文言文，你们觉得文言文有意思吗？""课文学完了，你们的头脑里有没有产生新的问题？"在这样的高阶式"师问"中，学生对文言文的感受有了提升，对《司马光》这一文本故事有了新的期待。这是儿童问学课堂的"问源"。

儿童问学课堂，学是课堂的本质，问是课堂的"灵魂"——精彩的课堂学习，一定是有灵魂的！

问学，是有灵魂的学习！

（杨树亚　江苏省特级教师）

儿童问学课堂，
迈向真实而自由的学习

儿童问学课堂，是学生第一的课堂，而不是教师第一的课堂；是学生"问"的课堂，而不只是教师"讲"的课堂；是学生"学"的课堂，而不只是教师"教"的课堂。因此，儿童问学课堂，是开启儿童心智、砥砺儿童智慧、激活儿童思想的课堂，是引领儿童迈向真实而自由学习的课堂。

一·以"问"为特征，开启儿童的心智

儿童问学课堂，以"问"为基本特征。"问"是"学"的发端，学生敢"问"会"问"了，个人的思考开始了，"学"才会成为一种可能。儿童问学课堂，是问题驱动的课堂：问题，串起了课堂的精彩；问题，激活了儿童思维；问题，牵引着学生"向青草更青处漫溯"。儿童问学课堂，学生拥有"问"的权利和自由，教师绝不能怕学生不会"问"抑或"问"不好，而因噎废食，越俎代庖，不让学生"问"；也不能只流于形式，而让学生毫无章法、漫无目的地"问"；更不能只满足于解释和应付学生的"问"。教师要善于启发和引导学生在学习过程中"问源""问流""问法"，提升"问"的品质，习得"问"的方法，生成"问"的智慧。如下图所示：

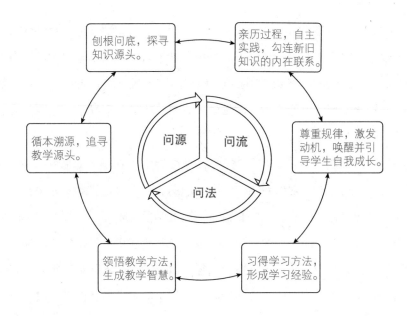

"源"，即源头。朱熹说："问渠那得清如许？为有源头活水来。"语文课程有其自身的目标体系、内容系统、学习要求和学习策略。语文学习过程中，学生要学会"问源"——刨根问底，探寻知识源头，掌握根本方法。也就是要让学生学会对学习内容进行分析和思考：所学知识的核心点是什么？是怎么形成的？重点是什么？难点在哪里？对于所学习的知识，自己具有什么样的优势？最大的困惑是什么？如此这般，在不断地叩问质询中，引导学生去探寻知识的源头，开启学习的航程。"问源"对于教师来说，就是把握语文课程的本质和儿童心理的特点，循本溯源，追寻教学的源头，找准教学的生发点，发展学生核心素养。

"流"，即过程。所谓的"问流"，对于学生来说，就是亲历学习的过程，自主实践，勾连新旧知识的内在联系，形成自动化的不断"滚雪球"的效应或者形成清晰的"知识链"，也就是要不断地去思考和追问：对于所学习的内容，与之前的知识有什么联系？哪些知识对新知的学习有帮助？怎么把这种联系说清楚？准备提出什么样的问题？想用什么样的方式来探究解决？哪些可以通过自己的努力来解决？哪些需要寻求老师和伙伴帮助？这样一来，学习的历程就会因充满思辨而情趣盎然，因灵动扎实而步步留痕，因真切体验而生成智慧；如此这般，学生的思维就会在学习历程中不断进阶，就会把学习的经历自然而然地变成学习的经验，形成学习的能力。"问流"对于教师来说，就是要尊重教学规律和学生身心发展规律，激发学习动机，唤醒并引导学生自主学习，自我成长。

"法"，即方法。所谓的"问法"，就是引导学生在学习过程中不断反思、叩问自己——我是怎么发现问题、解决问题的，从中习得了哪些方法，获取了怎样的经验和智慧，等等。我们知道，不同的学段、不同的内容有着不同的学习方法，所以，在"问法"的过程中，教师尤其要注意引导学生关注和思考那些共性的、关键的问题的解决策略和途径，以帮助学生不断总结经验，获得汲取新知识的学习能力。当然，教师还要关注学生的差异性，倡导"问法"的丰富性，以帮助学生形成各具个性的学习经验和智慧。"问法"对于教师而言，就是要不断地反思和总结自己的教学过程和教学效率，领悟教学方法，生成教学智慧。

值得注意的是，"问源""问流""问法"是一个有机的整体，就如同一个浑然天成的球。在"问源""问流""问法"的过程中，还要关注以下问题。

（一）何时"问"

儿童问学，可以"问"在课前，上课前，让学生对所要学习的内容进行预习，提出自己的疑问，带着问题走进课堂与老师、与同学共同探讨；可以"问"在课中，就是在课堂学习的过程中，对学习的内容提出自己的疑问，带着问题自主阅读，潜心探究，并与老师、伙伴分享交流；可以"问"在课后，就是课堂学习的内容为儿童的思维打开一扇窗，使儿童由此生成新的问题，唤醒儿童探究的兴趣，带着问题走出课堂；也可以三者兼而有之。

（二）向谁"问"

儿童问学，可以"问"自己，"问"伙伴，"问"师长，"问"教材，"问"

网络……凡遇到问题，要养成随时随地请教别人的习惯，让儿童认识到，不管是谁，只要能给你启发，给你帮助，都可以成为你的老师，都应该向他请教。所谓的"不耻下问""能者为师"就是这个道理。

（三）怎么"问"

儿童问学，需要从以下几个方面着力：一是增强"问"的意识，要对身边的人事景物充满好奇，学会从平常的事物中发现问题。二是拥有"问"的方法，智者巧问，要"问"得巧，要切中要害，问在关键处，问在疑难处，问在空白处。三是养成"问"的习惯，从小就要养成勤学好问的习惯，遇事要多问几个"为什么"，在问中学，在学中问，如此就能获得真知。四是包容儿童"问"的瑕疵，守护其天性，让儿童毫无顾忌地大胆地"问"，因为问的过程就是一种极其重要的学习过程。

有意思的是，"源""流""法"这三个汉字，都是三点水旁。老子曰："上善若水。"故而，学生在"问源""问流""问法"的过程中，获得的是水一般灵动的智慧，滋养生命的成长。教学亦若水，而这正是儿童问学课堂的魅力所在。

二·以"学"为核心，砥砺儿童的智慧

学习是儿童自己的事情，是儿童自己动手实践、反复练习、获得本领的过程。儿童问学课堂，就是以学生自己的"学"为核心，彰显学生的主体性，让学生站在课堂的中央，成为学习的主人；儿童问学课堂，以现实的、有趣的、探索的情境来展开学习过程，突出学生学习的实践性，让学习真实发生；儿童问学课堂，以学生自己的生活为基础，打通课堂与生活的联系，让学习也成为学生的日常生活，成为一种生活的享受。儿童问学课堂中学生的"学"可以细化为五个要素：自主探学，分享互学，优化练学，总结理学，多元评学。如下图所示：

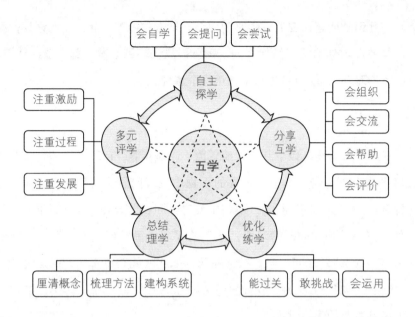

（一）自主探学

自主探学，就是在教学过程中创造情境，唤醒和诱导儿童成为主动的参与者和探究者，使儿童以探索者的姿态去发现问题、研究问题、解决问题，在自主学习、自我探究的过程中获取知识，形成能力，生成素养。

1. 会自学

学生会借助教材、工具书并联系实际自学，会将感觉精彩或有疑问的地方标注在书上，会利用各种媒体收集资料。根据年段特点和学习内容，教师可以研究、设计"问学单"来引导学生学会自学，提高学习能力。

2. 会提问

一是质疑，对不了解的字词句段、不理解的思想内容、陌生化的语言形式质疑，对老师、同学的观点质疑；二是以提问的形式定制自己的学习目标与内容，如可以围绕课题、内容、主题、语言表达、行文思路等展开提问，以疑促思，以疑导学，以疑生悟。

3. 会尝试

疑问只是学习的开始，学生要敢于探索，会运用已有的知识、经验，进行大胆猜测、验证、查阅，动手动脑，积极尝试各种解决问题的办法。

（二）分享互学

分享互学，就是让学生在合作交流中、在分组讨论中掌握新知，学会学习。

1. 会组织

这是分享互学首先要解决的问题。没有组织的学习，会使课堂变得嘈杂、散漫。实践中，除了发挥少数组织能力较强的学生的作用，更要让每一位学生学会合理分工、有效配合的方法，可以采用轮流当组长的方式，给每一位学生提供锻炼的机会。

2. 会交流

会积极主动地发言，会清楚明白地表达观点，学会倾听别人的观点，不随意打断别人的发言，在倾听的过程中吸取同伴的有益观点并及时修正、丰富自己的认识。

3. 会帮助

分享互学的优势之一是互帮互学，互相促进。首先要让学生"愿帮助"，其次是让学生"会帮助"。要尽量避免"简单地把答案告诉对方"式的帮助，学会用别人乐于接受的方式来提供帮助。

4. 会评价

分享互学时，教会学生评价同伴的学习尤为重要。当与伙伴的观点不一致时，要敢于表达自己的观点；对同伴的观点有补充时，能及时提出自己的想法。要用发展的眼光，看得见伙伴的变化与进步。

（三）优化练学

优化练学，就是针对当堂课所学内容，精心设计一些作业题，进行当堂达标练习。要求学生限时限量完成，确保练习的针对性和有效性。

1. 能过关

每一堂课，都有明确的学习目标。教师在充分了解学生学习的基础和学习的状况之后，要有针对性地给全班学生设计过关作业。"保底"的作业必须落实到位，而且要关注到每一个学生，确保每一个学生都能过关达标。

2. 敢挑战

练习设计应体现因人而异、因材施教、分层设练的原则。要从学习目标和学生实际出发，体现教学内容的要求和学生的心理特点，关注学生的差异性，在练习数量和质量上能有一定的机动性，使练习设计具有针对性和层次性，以满足不同层次学生的需要。鼓励学生敢于挑战自我，发展自我，完成一些富有挑战性的练习。

3. 会运用

学会迁移、学以致用是重要的学习能力。教师要善于设计具有思维含量的练习，让学生运用所学到的知识与方法去解决问题，让学习更加具有思辨性和创造性。

（四）总结理学

总结理学，是学生对学习过程和学习结果的一种反思和梳理。这种总结应该由学生自己来完成。

1. 厘清概念

学生在回顾学习内容时，要能厘清本堂课学习的重难点，能判断学懂了没有，有没有不明白的地方，有没有产生什么新的问题，能知晓这堂课的核心概念是什么，是如何建构的，等等。对这些都应该心中有数。

2. 梳理方法

问题的解决总有方法。学生要思考这种方法是怎样习得的，解决这个问题给自己最重要的启发是什么，这种方法还可以迁移运用到何种问题的解决之中，等等。对这些都应该了然于胸。

3. 建构系统

课堂上解决了哪些问题？前后知识是怎样联系的？解决此类问题，思考的着力点在哪里？还可以从别的途径来思考吗？通过对这些问题的反思来丰富自己的学习经验，建构属于儿童自己的学习系统。

（五）多元评学

课堂学习评价的内容可以多方面，评价的主体可以多元，评价的方式可以多样。对学生的评价应从甄别式评价转向发展性评价，既要关注学生的"问学"结果，更要关注他们的"问学"过程，既要关注学生的"问学"水平，更要关注他们在"问学"过程中所表现出来的情感与态度。

1. 注重激励

教师要关注学生在学习过程中的每一个闪光点，捕捉时机，激励学生，帮助学生形成积极的学习态度。教师的激励方法有语言的、体态的、动作的，甚至有时候还可以组织一个简单的仪式，放大过程，激起兴奋，达到激励的效果。

2. 注重过程

儿童问学课堂要尤为重视让学生经历"问学"的过程，让学生通过实实在在的"问学"，把"经历"转化为"经验"，使"经验"积淀为"智慧"。所以，在课堂上要创造机会让学生展示自己的学习历程，并通过评价来引导或矫正学习的行为，以获得最真切的学习体验。

3. 注重发展

分享互学是儿童问学课堂的一种常态。因而，在分享互学时，评价不只是指向学生的个体，还要指向学习的群体。只有当小组的学习获得成功的时候，个体才能获得肯定的评价。这就要求在分享互学的过程中，发挥小组的集体力量，不让一个同学掉队，小组的成功成为小组成员共同发展的目标。

需要注意的是，儿童问学之"学"的五个要素之间不是线性串联，而是可以根据学段和教学内容的不同，有所侧重，有所取舍。在一堂课上，也可以交叉运用。当然，儿童问学课堂的"学"还有着其独有的特质和价值的追寻。

其一，儿童问学课堂的"学"是学生兴致盎然、享受快乐的"学"。

学习本该是一件很快乐的事，尽管有时学习的过程是枯燥的，甚至是艰辛的，但是应想方设法让儿童乐在其中。所以，儿童问学课堂第一要务，就是激发学生学习的兴趣，培育学生学习的情感。儿童问学课堂的"学"给予学生的是一种灵动的实践，一种快乐的体验，一种幸福的生活，一种温暖的生长。

其二，儿童问学课堂的"学"是学生发现问题、提出问题的"学"。

亚里士多德说过："思维由惊奇和问题开始。"儿童问学课堂是把发现问题、提出问题作为重要的学习内容并作为习惯来养成的，从而使每一位学生都能够会问、善问、乐问。"世事洞明皆学问"，问题的来源是多元的：或来源于书本，或来源于生活，或来源于人与人的交往，或来源于解决问题的过程……只要拥有善于思考的头脑，处处留心，都可以发现并提出有价值的问题。而这，正是学生的一种思维品质和学习素养。

其三，儿童问学课堂的"学"是学生总结方法、生长智慧的"学"。

儿童问学课堂尤为关注解决问题的思维过程，以及分析、解决问题的思维方式，启发并引导学生在学习的历程中不断追问，不断反刍，厘清概念，明晰思路，体验过程，领悟方法。这样，学生在分析、解决问题的过程中，获得的就不只是知识了，还历练了能力，习得了方法，砥砺了思想，增长了智慧。

三·以"活动"为载体，激活儿童的思想

儿童问学课堂关注儿童当下的课堂生活，重视直接经验的获得，变静听式

为参与式，变单一性的活动为多样化的活动，变繁琐提问下的疲于应答为任务驱动下的自主探究。儿童问学课堂中的活动立足儿童，着眼课程，以"活动"为载体，以丰富学生和谐的学习生活和促进学生核心素养的提高为目标，因而，它有着明确的目的，同时具有以下属性。如下图所示：

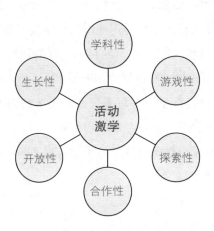

（一）学科性

语文姓"语"，语文核心素养的形成与发展，要通过语文实践，且只有通过语文实践，才得以实现。儿童问学课堂中的活动是引导学生学语习文的实践活动。这样的活动，聚焦语言文字，让学生沉潜于语言文字所营造的世界之中，驻足凝视，心游万仞，神思遐想，掂量和品味语言文字的质地、情味、分寸和美感，在理解语义、揣摩语用的过程中，领悟语言文字的思想感情，探寻和发现语言文字的特点和规律，使得语文之美，在学习语文的实践活动中自然而然地流淌出来。

（二）游戏性

儿童是天生的游戏者。儿童问学课堂中的活动是富有儿童情趣的，是学生乐此不疲、快乐体验的一种活动，不是浮于浅表、嘻嘻哈哈的一种活动，也不是肢体乱动、思想游走的一种活动。这样的活动是在游戏精神引领下，将语文学习的内容巧妙地转化为一种儿童游戏的活动，把课堂变成儿童自由游戏的场域，让学生在自由游戏的过程中，快乐地学习，快乐地成长。

（三）探索性

学习的过程是一个探索未知的过程。儿童问学课堂中的活动是一种不断尝试和发现的探索性活动。因而，在设计、组织活动时，要精心选择富有探究价值的问题来提升活动的思维含量，用问题拨动学生的心弦，引发学生心灵共振，让学生在不断尝试和大胆探索的进程中，解决问题，发展思维，追求创新，提升素养。怀特海说过这样的话："应该引导孩子们的思维——学生们应该觉得他们是在真正地进行学习，而不只是在表演智力的小步舞蹈。"因而，儿童问学课堂中的活动是具有思辨色彩和思维张力的，是学生积极思考、探索真知的过程，既有"众里寻他千百度"的困惑与艰辛，又有"蓦然回首，那人却在灯火阑珊处"的顿悟与惊喜。

（四）合作性

儿童问学课堂中的活动是一种在核心问题驱动下的合作性活动，是一种生生互动、师生互动、组组互动的合作交流的活动，而不只是单兵作战的活动。这种合作性活动就是营造一种相互切磋、相互争鸣、共同商榷的情境，就是实现一种启迪智慧、交流思想、分享发现的对话。

（五）开放性

生活有多广阔，课堂的天地就有多广阔。儿童问学课堂中的活动是一种向四面八方打开的开放性活动。其一，这种活动基于儿童的现实生活，富有浓郁的生活情调，是向着学生的现实生活打开的。其二，这种活动指向儿童真实的学习情境，是让儿童在活动中亲历实践，自主学习，自然生长，是向着学生的学习生活打开的。其三，这种活动尊崇儿童的天性，放飞儿童的心灵，培育儿童的悟性，滋养儿童的灵性，是向着学生的心灵世界打开的。

（六）生长性

课堂是儿童生命成长的地方。儿童问学课堂中的活动是指向学生生动活泼发展，给生命以给养的生长性活动。这种活动，可以让学生的学习看得见，他们在语文课堂上真实地读书、真实地思考、真实地发问、真实地表达，而这一切都在识字与写字、阅读与鉴赏、表达与交流、梳理与探究的语文实践活动中自然而然地发生，且充满生命的活力和思辨的色彩。这样，学生的语言就会在读书的过程中变得丰厚起来，思想就会在碰撞的过程中变得深邃起来，情感就会在探究的过程中变得丰富起来，智慧就会在对话的过程中变得灵动起来。

- - - - - - -
经 典 课 例
- - - - - - -

《祖父的园子》（统编版五年级下册）教学实录

一·重温课文，捕捉感受

师：同学们，这节课我们继续学习萧红的《祖父的园子》这篇课文。这是一篇回忆性的文章。（出示：幼年的记忆，忘却不了，难以忘却。——萧红）萧红曾经这样说，来读读这句话。

生：（读）幼年的记忆，忘却不了，难以忘却。

师：我们上节课已经跟随萧红到这个园子里面走了走，看了看，还记得萧红在这篇文章当中回忆了些什么吗？

生：萧红在这篇文章中回忆了"我"小时候与祖父在一起的快乐时光。

师：（出示"问学单"）有同学问，萧红写的《祖父的园子》，没有父母的关爱，也没有玩伴，只有祖父陪伴，"我"真的快乐吗？

生：我觉得，"我"是快乐的，至少还有祖父陪伴，还能在祖父的园子里玩耍。

师："我"和祖父，这是园子里的人。（板书：人）能具体说说是从什么地方看出"我"是快乐的吗？

生："我"帮祖父铲地，却把韭菜当作野草割掉，把狗尾草当作谷穗留着。

师：你说了一件事——铲地。（**板书：事**）除了讲铲地这件事，还回忆了什么事？

生：祖父种小白菜，"我"想帮祖父把地溜平，却把菜种给踢飞了。

师：简单地说就是"溜土"这件事。

生：还回忆了"我"在园子里吃黄瓜、捉蜻蜓的事。

……

师：这些是园子里发生的事，课文除了写这些人、这些事，还写了什么？

生：写了园子里的蜂子、蝴蝶、蜻蜓、蚂蚱等可爱的昆虫。

师：这些是园子里的物。（**板书：物**）园子里除了这些可爱的小动物，还有什么？

生：园子里还有韭菜、黄瓜、玉米、倭瓜等好多植物。

师：园子里的这些人、这些事、这些物，就构成了"我"的童年生活。那么，"我"的童年生活是怎样的呢？请同学们浏览课文，想一想，用一两个你认为最恰当的词语来概括。（**生浏览课文**）

生："我"的童年给我的印象是天真、淘气、浪漫。

师：你说了三个词语，如果让你上黑板来写，你愿意写哪个词语？

生：浪漫。

师：好。请你把"浪漫"这个词语工工整整地写在黑板上。

生：我认为，"我"的童年生活是有趣、悠闲、随意、舒适的。

生：我觉得，"我"的童年生活是悠闲的，是自由自在的。

……

师：同学们，就是这个园子给"我"的童年带来了许许多多的生活情趣。你们发现了没有，这浪漫的、有趣的、自由自在的、无忧无虑的生活情趣就流淌在文章的字里行间，使整篇文章妙趣横生。

二·生成问题，圈点批注

师：同学们，萧红的文章确实与众不同，对于这样一篇妙趣横生的课文，你们的脑海中出现了哪些感兴趣的问题？

生：我的问题是，萧红为什么能把这篇文章写得这么好玩？

生：我感兴趣的问题是，萧红是怎样把"我"的童年生活情趣写出来的？

生：我的问题是，这篇课文中有那么多重复的语言，这是为什么呢？

……

师：看来，同学们对这篇课文的遣词造句很感兴趣。下面请同学们带着自己感兴趣的问题，静心默读课文，边读边揣摩，想想萧红的文章在遣词造句中究竟藏着怎样的秘密？注意圈画有关语句，并简要地做些批注。（生读文，圈画，批注。）

三·品味语言，分享收获

师：刚才，同学们都在静心地阅读、批注，每个同学都有发现，都有收获。现在，我们就来交流。交流的时候，你想用什么方式，就用什么方式，你想读就读，想说就说，都是自由的。

生：我从第 1 自然段知道了园子里的小动物样样都有，有满身金粉的大红蝴蝶，有金色的蜻蜓……这些小虫子给园子添加了许多生机和活力。所以，这里是"我"的乐园。

师：你说得非常好！还想读吗？

生：想。

师：那你就有滋有味地把这一段读给大家听，好吗？（生声情并茂地朗读）

师：还有同学关注这一自然段的吗？想读或者想说都可以，自由一点。

生："蝴蝶有白蝴蝶……满身带着金粉。"写园子里的各种蝴蝶，表达了"我"对蝴蝶的喜爱之情。

师：你体会到了这种情感，很好！这一段中有这么一句："这些蝴蝶极小，不太好看。"你觉得，写这个干什么？

生：说明"我"不太喜欢那些小小的蝴蝶，而喜欢的是那些大红蝴蝶。

生：写不好看的小蝴蝶是为了衬托出好看的大红蝴蝶。

师：写不好看的，是为了凸显出好看的，这叫什么？

生：衬托。

师：很好。这一自然段有一个关键词，同学们关注到没有？

生：我关注到了这一自然段中的"样样都有"这个关键词。这一自然段就是围绕这个关键词来写的，园子里的昆虫多，样样都有；园子里的色彩多，也是样样都有。

师：说得真好！请你们把"样样都有"这个词画下来。这里有这么多可爱的小昆虫，有这么多缤纷的色彩，多有趣啊！自己放声读一读，用心地体会体会。（生朗读课文）

……

师：不知你们发现了没有，这里的语言也很特别。现在我来读写祖父的部分，你们读描写"我"的部分，看看怎么特别。（师生共同读）

师：你们发现了什么？

生：前半句和后半句格式是一模一样的，都是写祖父干什么，"我"就干什么。

师：是的。这是两两相对的句式，前后只是改变了人称而已，内容是重复的。这个句式很特别，其实，"我"的童年生活的情趣就藏在这种特别的句式当中。不信我们再来读读，男生读前半句，女生读后半句。（男女生共读）

师：男生和女生对调过来再读。（男女生共读）

师：这样的句式看起来怎么样？

生：工整对称，两两相对。

师：读起来呢？

生：非常顺口，很有节奏。

师：听起来呢？

生：悦耳动听，很有韵味。

师：你们从这个特别的语句当中读出了什么意味？

生：我读出了"我"和祖父那种血浓于水的亲情。

生：我体会到了"我"非常自由自在、无忧无虑，什么都不需要担心。

生：我仿佛看到他们形影相随、其乐融融的生活情境。

生：我读出了"我"对祖父的依恋之情。

师：看来，特别的语言有着特别的趣味，特别的语言有着特别的魅力，特别的语言表达着特别的情感。所以，读书时，我们要留意那些形式特别的语言。我们再来读一读。（生读）

师：读书就要这样，关注不一样的语言。这一自然段，你们还关注到了哪些？

生："哪里会溜得准……反而把它踢飞了。"从这里我知道，"我"本想帮祖父的忙，没想到却帮了倒忙，感受到了一种快乐和自由。

师：这句话中有一个细节写得非常精彩，大家关注到没有？

生：我觉得是"踢飞"，它能够表现出"我"的自由和快乐。

生：我觉得"踢飞"这个细节，还能够表现出"我"特别淘气。

师：是啊，原来这个细节里面就藏着"我"童年生活的情趣。谁来有滋有味地读读这件事？（生声情并茂地朗读）

生：我觉得"瞎闹"这个词也很特别，"我"在园子里想干什么就干什么，无忧无虑地闹腾，祖父也不生气，"我"的童年真幸福！

师：让我们把这两个词画下来。你们看，一个"瞎闹"，一个"踢飞"，就把"我"的童年生活的情趣形象生动地表现了出来。读书就要这样，善于留意一些特别的语言、特别的细节。

师：你们还关注到哪些词句？

生：我关注到"乱钩一阵"这个词语，说明"我"把铲地这件事只当作一种游戏，感觉到很有趣味。

师：在这前面还有一个细节呢，你们注意到没有？

生：我注意到"伏在地上"这个细节，这让人觉得"我"很淘气，也很可爱。

师："伏在地上"用锄头乱钩一阵，这个细节我们可不要忽略了。这是"我"铲地时的情景，你们读了这个细节之后，脑海中有没有画面？请你们试着从这个细节去想象画面。

生：我从这个细节想象到，"我"伏在菜地上，拿着一把锄头的头在使劲地挥舞，很是开心。

生：我仿佛看到了"我"伏在菜地里，拿着锄头到处乱挥，韭菜和谷穗都被"我"铲掉了。

师：你看，细节描写往往会给我们一种画面感。我们在阅读的时候，要学会善于捕捉一些精彩的细节描写，并能够透过这些细节描写去想象还原画面，这样我们就能够进入到文章所描写的情境中，有一种如临其境、如见其人之感。谁来把"铲地"这件事读一读。（**生读课文**）

师：往下交流，精彩继续。

生：从第 13 自然段中，我感受到"我"的童年真的很自由，很快乐。

师：其他同学有关注到这一自然段的吗？

生：我感觉到"我"的童年天真活泼，童趣荡漾。

师：好一个"童趣荡漾"啊！"荡漾"这个词用得妙极了。

生：我发现这段话中有三个"又"字，"又看见、又去追、又去做别的了"，可见，"我"在园子里是自由自在的。

师：你看，简单的"又"字在这里变得不简单了，一种自由自在的生活情趣，就通过"又"字生动地表现了出来。这段话中，除了"又"字多，还有什么多？

生："了"字多。

师：小孩子就是小孩子嘛，了了就了了。数数看，有几个"了"字？

生：七个"了"字。

师：这么多的"又"，这么多的"了"，就把小孩子的那种天真活泼的、三心二意的生活情趣写出来了。所以，我们在读书的时候，还要注意关注那些特别的文字，往往特别文字的背后都蕴藏着特别的情趣。请大家再自由地读一读这段文字，细细地体会字里行间蕴含着的情趣。（**生自由读文**）

生：老师，我想读读"浇菜"这件事。

师：完全可以，那你就尽情地读吧。

生：（声情并茂地读）玩腻了，我又跑到祖父那里乱闹一阵。祖父浇菜，我也过来浇，但不是往菜上浇，而是拿着水瓢，拼尽了力气，把水往天空一扬，大喊着："下雨啰！下雨啰！"

师：你读后，有什么要说的吗？

生："我"用水瓢来浇菜，很淘气，很开心。

师：你读得精彩，说得也很精彩。大家还有说的吗？

生："祖父浇菜，我也过来浇……下雨啰！"从这里可以看出"我"的生活富有乐趣。

师：好的，你关注到这一段中的哪些词语？

生：我关注了"大喊"这个词语。

师：现在，你就是文中的"我"，来大喊一下吧。

生：下雨啰！下雨啰！

师：前面还有一个动作呢，什么动作？

生："扬"。

师：你能不能配上这个动作来喊一喊？

生：下雨啰！下雨啰！

师：这一"扬"，这一"喊"，多么有趣啊！大家发现了没有，这里的一个动作，一句话语，就把"我"跟祖父学浇菜的那种情趣写了出来。谁再来把这一段读一读？大方一点，自由一点。（生读文）

师：你拼尽力气了吗？

生：拼了。

师：他拼尽力气在扬，在喊，大家一起来演一演，好吗？（生开心地表演）

师：我看大家都情不自禁地笑了，笑什么？

生：浇菜非常有趣，非常好玩。

生："我"非常淘气。

师：这就是孩子。你看，就是这样的细节，就是这样的话语，让我们感受到了"我"的童年无忧无虑。刚才我们交流了第4—14自然段写的这几件事，祖父在园子里干活儿，而"我"却在园子里干什么？请浏览3—12自然段，画出相关词语。

生：我画了"瞎闹""乱钩""乱闹"这三个词语。

师：好的。祖父在园子里面劳动，"我"却在园子里面"瞎闹""乱钩""乱闹"。你知道文章为什么要这样写吗？

生：这样写，是把祖父的劳动与"我"的玩耍进行了比较。

师：这样一比较能比出什么来呢？

生：比出"我"的调皮、自由。

生：比出"我"生活的丰富多彩。

师：所以，在阅读的时候，我们要瞻前顾后，前后联系，这样就会有"横看成岭侧成峰，远近高低各不同"的发现和收获。好，继续交流。

生：从第16自然段，我读出了"我"那颗自由自在的心和一种无忧无虑的生活。

生：这一自然段写的是园子里的蔬菜和动物，不受拘束不受限制。

师：你们发现了吗，这一自然段是这篇课文中最长、最有趣味的一段文字，语言也是最特别的。读着这段文字，"自由"这个词语一定叩击着我们的心灵，就让我们聚焦这一段，看看作者是用怎样特别的语言来表现这种自由的。

生："花开了，就像睡醒了似的。鸟飞了，就像在天上逛似的。虫子叫了，就像在说话似的。"这里用排比写出了花、鸟、虫子的可爱和自由。

师：这是一组很有意思的句式，它们的结构完全相同。这样的句式看起来怎么样？

生：看起来非常工整。

师：读起来呢？谁来读读看？（生读）

师：你觉得读起来怎么样？

生：朗朗上口。

师：听起来呢？

生：听起来很顺畅，很有韵味。

师：这里，又有一个独特的句式——"……了，就……"，其实，这是儿童说话时常用的一种句式，在《呼兰河传》里这样的句式还有很多。比如，有这么一句话："眼花了，就不看；耳聋了，就不听；牙掉了，就整吞；走不动了，就瘫着。"再放声读一读，细细体会这种独特的句式所表达的意味。（生读课文）

生：这三句话虽然写的是小动物的自由，但文字的背后其实写的是"我"的自由。

师：这就叫借物抒情。谁来开心自由地读读这三句话？（生读课文）

师：这样的句式饶有趣味，朗朗上口，有一种音乐之美。的确，特别的语言有着特别的趣味，特别的语言有着特别的魅力，特别的语言表达着特别的情感。在这一段中，还有比这个更独特的语句呢，你们发现了吗？

生："倭瓜愿意爬上架就爬上架……它若愿意长上天去，也没有人管。"这里一连用了七个"愿意"，写出了园子里瓜果蔬菜生长的自由。

师："愿意……就……"又是一个独特的句式，这样的句式看起来怎么样？

生：句式看起来很自由。

生：句式有点重复。

师：读起来呢？

生：比较朗朗上口。

师：听起来呢？

生：很悦耳动听。

师：特别的语言有着特别的意味。这种特别的语言形式，又有着怎样的意味呢？

生："我"就像园子里的蔬菜一样无忧无虑，自由自在，愿意怎样就怎样。

师：这就叫借物抒情。表面上是写这些东西的自由，实际上是写"我"在祖父的园子里那种自由自在的生活情趣。我们一起来读读这段文字。（生读课文）

师：其实，置身于园子里的"我"此时此刻已经分不清哪个是我，哪个是物了。不信我们来试着读一读。你读"花开了，就像睡醒了似的"这一句。（指名读）

师："我"此时此刻就变成了园子里的花，你把花换成"我"来读一读。

生：我开了，就像睡醒了似的。

师：好玩吗？

生：好玩。

师：大家一起读。

生：（齐读）我开了，就像睡醒了似的。

师：此时"我"变成了祖父园子里的鸟，你把这一句中的"鸟"换成"我"读一读。（指名读）

生：我飞了，就像在天上逛似的。

师：你上天了，兴奋一点，再来。

生：我飞了，就像在天上逛似的。

师：你把虫子那句读一下。（指名读）把"虫子"换成"我"读一读。

生：我叫了，就像在说话似的。

师：一切都活了，大家一起读——

生：（齐读）一切都活了，要做什么，就做什么。要怎么样，就怎么样，都是自由的。

……

师：这就叫物我两忘，这就叫情景交融。"我"变成了这个，"我"变成了那个，那么，此时此刻祖父变成了什么呢？

生：祖父变成了太阳。祖父是"我"心中的太阳。

师：难怪作者在第15自然段的一开头就写到了太阳，原来还有这么一个象征意味呢！一起读读这一自然段的第一句话细细地体会体会。

生：太阳在园子里是特别大的。

四 · 延伸阅读，丰富感受

师： 特别的语言有着特别的意味，特别的语言抒发着特别的情感。的确，祖父是"我"一生当中最重要的人。萧红把"我"与祖父在园子里发生的故事写在了《呼兰河传》这部自传体小说当中，《祖父的园子》就是选自这部小说。在这部小说的尾声，萧红这样写道——

（PPT出示"阅读链接"的内容）

呼兰河这小城里边，以前住着我的祖父，现在埋着我的祖父。

我出生的时候，祖父已经六十多岁了，我长到四五岁，祖父就快七十了。我还没有长到二十岁，祖父就七八十岁了。祖父一过了八十，就死了。

从前那后花园的主人，而今不见了。老主人死了，小主人逃荒去了。

那园里的蝴蝶、蚂蚱、蜻蜓，也许还是年年仍旧，也许现在完全荒凉了。

小黄瓜，大倭瓜，也许还是年年地种着，也许现在根本没有了。

那早晨的露珠是不是还落在花盆架上，那午间的太阳是不是还照着那大向日葵，那黄昏时候的红霞是不是还会一会儿工夫变出一匹马来，一会儿工夫变出一条狗来，那么变着。

这一些不能想象了。

……

以上我所写的并没有什么优美的故事，只因它们充满我幼年的记忆，忘却不了，难以忘却，就记在这里了。

　　　　　　　　　　　　——选自萧红的《呼兰河传》，有改动

师： 读一读"阅读链接"，联系课文内容想一想开始同学们提出的问题，童年时的"我"真的快乐吗？（生自由阅读）

生： 阅读了"阅读链接"，联系课文内容，我感觉心里酸酸的，"我"的童年只有祖父和园子能给自己带来一些幸福和快乐。

生： 我的感受是祖父在，园子里的生机就在；祖父不在了，园子就荒芜了。

生： "我"十分怀念祖父，难以忘怀祖父给"我"的童年带来的自由和快乐。

师： 我们再来读一读萧红写的这句话。

生： （读）幼年的记忆，忘却不了，难以忘却。

师： 今天，我们从《祖父的园子》里面读出了"我"童年的一种自由和幸福。其实，当我们了解了萧红的生平之后，再读这篇课文，我们从中就能读出一些不一样的意味来。其实，好的文章值得我们一辈子去阅读与玩味。希望同学们课后去阅读《呼兰河传》，细细地品味，相信你们一定能从中获得更多的感受，更多的语言智慧！

- - - - - - -
名 师 评 析
- - - - - - -

为儿童的"问学"奠基

儿童的"问"具有天然性，也具有原生性。儿童的"问"要在成人的启迪和引领下，耳闻目染地从天然的、原生的"问"抵达发展性的、专业性的"问"。儿童的"问"的发展性、专业性从何而来？课堂是重要场所之一。鲁迅说写作要把可有可无的词句统统删掉。老师的提问有教育价值和示范意义，优秀的老师要对课堂提问尤其是学生之问有清醒而严格的认识，可有可无的提问也要统统删掉。《祖父的园子》里的老师的"问"就是这样的"问"，粗略归为三类。

一·"问"整体

课堂中，"还记得萧红在这篇文章当中回忆了些什么吗？""能具体说说是从什么地方看出'我'是快乐的吗？""这些是园子里发生的事，课文除了写这些人、这些事，还写了什么？""园子里除了这些可爱的小动物，还有什么？""那么，'我'的童年生活是怎样的呢？"……一次次的追问直到学生梳理和把握全文才罢休，不糊涂，不含糊，不遗漏，为的是要让学生明白，"问"清楚内容是读一篇文章的坚实后盾。

二·"问"细节

儿童的阅读往往关注情节而忽视细节。"问"细节是非常重要的能力。"问"出细节，一方面"问"出了阅读的品质，另一方面"问"出了思维的缜密。

请看片段1：

- -

师：现在，你就是文中的"我"，来大喊一下吧。

生：下雨啰！下雨啰！

师：前面还有一个动作呢，什么动作？

生："扬"。

师：你能不能配上这个动作来喊一喊？

生：下雨啰！下雨啰！

师：这一"扬"，这一"喊"，多么有趣啊！大家发现了没有，这里的一个动作，一句话语，就把"我"跟祖父学浇菜的那种情趣写了出来。谁再来把这一段读一读？大方一点，自由一点。（生读文）

师：你拼尽力气了吗？

生：拼了。

师：他拼尽力气在扬，在喊，大家一起来演一演，好吗？（生开

心地表演）

　　师：我看大家都情不自禁地笑了，笑什么？

　　生：浇菜非常有趣，非常好玩。

　　生："我"非常淘气。

　　师：这就是孩子。你看，就是这样的细节，就是这样的话语，让我们感受到了"我"的童年无忧无虑。

- -

　　一"扬"一"喊"的细节追问，"问"出的是对字词和内涵的探究。这样的"问"的示范越多，学生阅读的品质越佳，今后学生的"问"也会有一个高起点。

　　请看片段2：

- -

　　师：这就叫物我两忘，这就叫情景交融。"我"变成了这个，"我"变成了那个，那么，此时此刻祖父变成了什么呢？

　　生：祖父变成了太阳。祖父是"我"心中的太阳。

　　师：难怪作者在第15自然段的一开头就写到了太阳，原来还有这么一个象征意味呢！一起读读这一自然段的第一句话细细地体会体会。

　　生：太阳在园子里是特别大的。

- -

　　这里的"问"，把看似闲散无关的内容前后勾连，"问"出了其间的深意，"问"出了背后的内涵。

　　儿童问学课堂注重"问"细节，学生不只是有了对"问"的艺术的感知，也会对"问"的成效发出惊叹。学生对"问"产生好奇，对"问"产生兴趣，这一直是儿童问学课堂的孜孜追求。

三·"问"表达

表达的一个名字叫"读"，另一个名字叫"写"。先说前者。

"问读"片段1：

- -

生：我从第1自然段知道了园子里的小动物样样都有，有满身金粉的大红蝴蝶，有金色的蜻蜓……这些小虫子给园子添加了许多生机和活力。所以，这里是"我"的乐园。

师：你说得非常好！还想读吗？

生：想。

师：那你就有滋有味地把这一段读给大家听，好吗？（生声情并茂地朗读）

- -

语文学习要"读"占鳌头。儿童问学课堂强调"问"，不是忽略"读"，而是以"问"促"读"，想读，爱读，读出自己的理解。儿童问学课堂的"问"跟阅读教学的"读"齐头并进，水乳交融。

"问读"片段2：

- -

师：……不信我们再来读读，男生读前半句，女生读后半句。（男女生共读）

师：男生和女生对调过来再读。（男女生共读）

师：这样的句式看起来怎么样？

生：工整对称，两两相对。

师：读起来呢？

生：非常顺口，很有节奏。

师：听起来呢？

生：悦耳动听，很有韵味。

师：你们从这个特别的语句当中读出了什么意味？

生：我读出了"我"和祖父那种血浓于水的亲情。

- -

儿童问学课堂的读，还学习对"读"发问，学会对"读"发问。这里的"读"是有思维力度的"读"，是对儿童问学课堂的"有教养的头脑的第一标志就是善于提出问题"的一种解答。

再说后者。

"问写"片段1：

- -

师：……这一段中有这么一句："这些蝴蝶极小，不太好看。"你觉得，写这个干什么？

生：说明"我"不太喜欢那些小小的蝴蝶，而喜欢的是那些大红蝴蝶。

生：写不好看的小蝴蝶是为了衬托出好看的大红蝴蝶。

师：写不好看的，是为了凸显出好看的，这叫什么？

生：衬托。

- -

表面上问的是"内容"，却自自然然地落到"写法"上。小口子切入，真口子深入，这才是适合儿童学习的"问"，是儿童问学课堂的"问"。

"问写"片段2：

师：你们发现了吗，这一自然段是这篇课文中最长、最有趣味的一段文字，语言也是最特别的。读着这段文字，"自由"这个词语一定叩击着我们的心灵，就让我们聚焦这一段，看看作者是用怎样特别的语言来表现这种自由的。

生："花开了，就像睡醒了似的。鸟飞了，就像在天上逛似的。虫子叫了，就像在说话似的。"这里用排比写出了花、鸟、虫子的可爱和自由。

师：这是一组很有意思的句式，它们的结构完全相同。这样的句式看起来怎么样？

生：看起来非常工整。

师：读起来呢？谁来读读看？

这是"问"句式结构。结构相同的句式在"问"，更在"问"后的"读"。"问表达"中的"问读""问写"在操作上是一体的。也正因为有这样的"一体"，课堂显得丰富、融通和饱满。

阅读是写作的基础。有的人读多了自然会写了，有的人不是。读多了而自然会写的人，往往无师自通了"怎么写"的阅读思维。怎么培养"怎么写"的阅读思维？儿童问学课堂的"问表达"就是一把有用的钥匙。整堂课上的"问表达"何止两处、三处，这样的教学必然为儿童的"问"提供优异的范例。

纵观整堂课，儿童学得兴趣盎然，儿童学到了方法，增长了智慧，儿童也受到了"问"的角度、"问"的技巧的熏染。这是一堂为儿童的"问"作扎实准备的问学课堂！

（管建刚　江苏省特级教师、正高级教师）

儿童问学课堂，
追求素养本位的教学

联合国教科文组织在《学会生存——教育世界的今天与明天》报告中指出："教育的目的在于使人成为他自己，变成他自己。"那么，教育究竟能把学生变成一个怎样的他自己？如何使学生成为他自己？这是需要我们思考和破解的问题。怀特海也曾说过："学生是有血有肉的人，教育的目的是为了激发和引导他们的自我发展之路。"那么，教育到底该如何激发和引导学生的自我发展之路？学生的自我发展之路是何种样态呢？这也是需要我们探索和实践的问题。其实，上述这些问题都是关于教育的本源性的问题，是关于培养"什么样的人"的问题，是引领我们探寻教育真谛的问题。课堂是实施素质教育的主阵地，在新常态下，我们以促进儿童的发展为本位，聚焦课堂教学的改革，优化儿童学习的生态，努力探索能够促进学生核心素养发展的课堂教学的基本模式和实践策略。

一 · 核心素养：儿童发展的 DNA

2014 年 3 月，《教育部关于全面深化课程改革 落实立德树人根本任务的意见》提出了"核心素养"这个全新的概念，并且明确指出"学生应具备的适应终身发展和社会发展需要的必备品格和关键能力，突出强调个人修养、社会关爱、家国情怀，更加注重自主发展、合作参与、创新实践"。聚焦"核心素养"就成了全面深化课程改革、落实立德树人根本任务的关键环节。这种基于国情的"核心素养"体系的建构，应该以社会主义核心价值观为指导，以促进教育公平、全面提升育人质量为愿景，以培育健全人格且具有胜任力的合格公民为旨归，构筑一种回归本真、轻负高效、均衡发展的教育生态。这种"核心素养"的养成，绝不是狭隘的传授知识与训练技能，更不是仅仅为了分数和升学率，而是立足于国计民生，着眼于民族未来，指向于国民素质的提升，具体回答素质教育该"培养什么人、怎样培养人、为谁培养人"的问题。可以这么说，核心素养是学生成为他自己、变成他自己的最为关键的内涵特质，是儿童终身持续发展的 DNA。

核心素养是在三维目标的基础上提出来的，是对三维目标的发展和深化。它具有中国特色，直指素质教育鹄的——立德树人，也是素质教育的再出发和新发展。那么，何谓核心素养呢？对于核心素养的表述，世界各国虽然表述不一，但其本质都是在回答"培养什么样的人才能让他顺利地在 21 世纪生存、生活与发展"的问题。学者把核心素养界定为"学生在学校教育的学习场所习得的、以人类文化遗产与现代文化为基轴而编制的教育内容，与生存于生活世界的学习者在学习过程中所形成的作为关键能力的内核"。华东师范大学崔允漷教授对核心素养的界定是：个体在知识经济、信息化时代面对复杂的、不确定的现实生活情境时，运用所学的知识、观念、思想、方法，解决真实问题所表现出来的关键能力与必备品格。《义务教育语文课程标准（2022 版）》（以下简称"课程标准"）把核心素养定义为：核心素养是学生通过课程学习逐步形成的正确价值观、必备品格和关键能力，是课程育人价值的集中体现。

"核心素养"是一个意蕴丰赡的概念，它绝不是指死记硬背的知识，不是解题技巧，也不是会做某一件生活小事，而是个体在面对未来不确定的情境中所表现出来的真实问题解决能力与必备品格，而这种关键能力与必备品格恰恰又是借助学校教育来培育和发展的。"核心素养"更是一个高度整合的概念，它既不是单一的知识、能力、态度，更不是单一的行动，而是知识、能力、态度的整合与情境间的因应互动体系，是一个有机的整体。有研究者指出：素养 =（知识＋能力）^{态度}。可见，情感、态度、价值观对于核心素养的养成是极为重要的，它是以乘方来连接知识与能力的。态度决定一切。如果态度好，是正数，知识与能力就会产生相乘倍数的增效，素养生成自然就会又好又快；相反，倘若态度差，是负数，知识与能力便会产生负面的效果，素养自然就难以生成。

二 · 课程教学：以核心素养为圆心展开

既然核心素养是经过后天教育而习得的，那它一定是可以教、可以学、可以测的，问题的关键指向核心素养生成的课堂教学该"教什么""学什么""测什么"以及"怎么教""怎么学""怎么测"。如此省思教育，审思课程，反思课堂，自然就会改变教学的行走姿态，使得学校教育由以知识传授为本位的应试教育走向以核心素养发展为追寻的素质教育，而实现这一美丽转身首先需以社会主义核心价值观为圆心来建构促进学生发展的核心素养体系，切实尊重教育规律和学生身心发展规律，为每一个学生提供适合的课程和适合的课堂。

在素质教育课程体系中，语文课程肩负着立德树人的使命与担当，核心素养起着统领、辐射学科课程的教学作用，教师应自觉为人的终身持续发展服务，变"教学"为"教育"，致力于培养具有奠基作用的必备品格和关键能力。在素质教育课程体系中，各科课程都有其独当之任，也都有其学科本身的核心素养。从这个角度来看，核心素养的养成，还得依赖学科课程独特育人功能的发挥、学科特质的彰显和课程魅力的发掘。

第一，要理解和把握课程的意蕴。19 世纪，"什么知识最有价值"是课程的经典问题；20 世纪，"谁的知识最有价值"是课程的经典问题；而 21 世纪，"什么知识最有力量"便成了课程的经典问题。核心素养的养成当然离不开知识的学习，问题的关键是我们能不能让学生学习到富有生长力的种子知识，因为这样的知识才最具活力、最有力量，这样的知识才能生成核心素养。所以，我们在利用和开发语文课程资源的过程中，既要考虑如何遴选那些最有力量的种子知识，更要思考如何让知识转化为能力，变化为智慧，积淀为素养。

第二，要改进和优化教学的方法。以素养为本位的儿童问学课堂，教师在课堂上的关注点应该要从传统的关注知识点的落实转向关注核心素养的养成上来，要从只关注教师"教了什么"转向关注学生"学了什么"以及"学会了什么"，变"教"为"学"。在教学方式上，要立足学生学力的培养，强化学生的"学"，淡化教师的"教"，多采用启发式、讨论式、探究式、参与式的教学方式，努力为学生营造丰富多彩的课堂学习生活，让学生无拘无束地问，积极主动地学，富有创造地学，乐此不疲地学。其间，教师要善于启发引导，对学生的学习能够给予适时、适度的点拨，切实做到"道而弗牵，强而弗抑，开而弗达"，使学生在"和易以思"的状态中愉快学习，历练能力，砥砺智慧，形成素养。

第三，要研究和转变学习的方式。学生是学习的主人。语言学家许国璋说："杰出的科学家、艺术家、文学家、教育家等无不都是靠自主学习、深入思考、不断实践，才有所发明、有所创造、有所前进。试想，谁能教莎士比亚成为莎士比亚？谁能教爱因斯坦发现解释宇宙的根本原理？主动学习和深入思考是我们前进的动力。"人本主义心理学家罗杰斯说："没有人能教会任何人任何东西。"所以，发展核心素养，得靠学生自己的主动学习和深入思考。离开学生的自主学习和深入思考，核心素养就会失去依傍，变成无源之水，无本之木。这就意味着我们要研究学生的身心发展和学习规律，爱护学生的好奇心和求知欲，鼓励学生独立思考、自主探究、大胆创新，充分激发他们的问题意识和进取精神，培育学生的学习情感和习惯，关注个性差异和不同的学习需求，引导学生通过自主、合作、探究的学习方式，学会发现学习、合作学习、自主学习。

三 · 儿童问学课堂：为培育核心素养而教

"课程标准"明确指出："义务教育语文课程培养的核心素养，是学生在积极的语文实践活动中积累、建构并在真实的语言运用情境中表现出来的，是文化自信和语言运用、思维能力、审美创造的综合体现。"核心素养是课程育人的集中体现。培育学生核心素养的落脚点是课程改革，而课程改革的决胜环节又在课堂改革。为培育核心素养而教是儿童问学课堂的基本立意和价值追求。

儿童问学课堂，教师的关注点从传统的知识本位转向立德树人召唤下的素养本位，守护儿童天性，激励儿童问学，发掘问学元素，探索问学方法，传扬问学精神，培育问学素养。儿童的问学素养包含着"生成问题素养""探究问题素养""交流问题素养"和"延展问题素养"。"生成问题素养"的培育需要关注儿童的好奇心、想象力和自信心，要激发问的兴趣，提供问的角度，搭建问的支架，使学生能够生成具有意义性、可行性和创造性的问题。"探究问题素养"的生成需要发挥儿童学习的自主性，能够合理地搜集处理信息，对问题提出假设、尝试验证、形成观点，使学生在探究问题的过程中学会思辨，学会审美，学会创造。"交流问题素养"的培育需要为儿童搭建一个共享、共建、共情的平等对话的平台，让学生在交流分享的过程中表达观点、评鉴反思、得出结论、形成经验。"延展问题素养"的生成需要关注儿童学习的延展性和自觉性，能够由课内的学习走向生活的实践，创造性地运用学习的知识经验，解决生活中的问题，提升生活质量和生命意义。如下图所示：

儿童问学素养图

以素养为本位的儿童问学课堂，是一种启迪心智、怡然有趣、自然有法的课堂；是一种追求教学真质量、追求教育真效益、追求儿童真发展的课堂；是一种基于儿童生长、基于培育素养、基于培养合格公民的课堂。

（一）这样的课堂是充满自由而安全的课堂

儿童的学习需要在自由而安全的氛围中进行。儿童问学课堂努力为学生营造一种自由而安全的自主学习的时空。课堂上，学生少了一些规矩的约束，多了一些心灵的放飞，少了一些统一的指令，多了一些自主的选择，少了一些知识的灌输，多了一些方法的引导，切实保证学生有充分的时间亲历语文实践的过程，能够自由自在地围绕真问题展开真读书、真思考、真探究、真合作、真交流。教师的"教"少而精当，教在关键处，以一当十，变"教"为"学"，真正让学生的"学"多而充分起来。课堂上，要善待学生张扬的个性，尊重他们独特的感受，允许他们"插嘴"，呵护他们的稚嫩思想，包容他们的瑕疵和错误，使他们能够轻松愉悦地投入到学习中来，让他们的情感和智慧能够在学习中翱翔起来。儿童问学课堂，学生表现出来的是盎然的情趣、活跃的思想和丰富的想象，而不是嬉笑的神情、乱动的肢体和游走的思绪。

（二）这样的课堂是真实问题驱动的课堂

问题诱发儿童的学习，问题演绎课堂的精彩。儿童问学课堂，把质疑问难的自主权还给学生，让学生把自己的心沉潜到语言文字当中去，揣摩品味，在质疑中探究，在探究中发现，在发现中深究，享受学习的乐趣。常言道，少则得，多则惑。儿童问学课堂的问题是少而精准的，其源自学生的质疑问难，是在学生提问的基础上而生成的。儿童问学课堂变教师在课堂上的喋喋不休的提问为依据学情、教学目标与内容建构生成少而精当的问题或话题，让学生在真实问题的驱动下展开学习语文的活动；儿童问学课堂变教师在课堂上的繁杂琐碎的提问为顺应儿童学习语文而进行适时适度的追问，让学生的学习活动在追问中向深度推进。这样，学生学习的意志力、思维力和领悟力就会在语文实践的过程中得以生长。

（三）这样的课堂是富有思想活力的课堂

儿童学习语文需要思想的积极参与，真正地让学生思起来、想起来，体验到学习语文其实就是一种质疑问难、潜心会文、感悟发现的探索历程。这种探索历程，虽然有时可能是艰辛而复杂的，但能敞亮心灵，其乐无穷。这种探索历程，需要教师为向导：一是要激发学生的探究欲望，引导学生发现并生成问题，让问题引领着学生经历一种"踏破铁鞋无觅处"的崎岖和曲折；二是要给予学生充分的"沉浸浓郁，含英咀华"的静思默想的时间，让学生在沉潜涵泳中产生一种"得来全不费工夫"的顿悟和豁然；三是要创设一个开放的且能快乐表达的空间，让学生能无拘无束地倾吐自己的思想，鼓励学生辩论和创意表达；四是要引导学生学会总结和反思，让学生反刍自己的学习经历，叩问自己"学了什么""是怎么学的""学得怎么样"，如此反刍、叩问，让学习留下痕迹，帮助学生总结学习经验，促进学生核心素养发展。

（四）这样的课堂是洋溢快乐体验的课堂

语文是一门很有意思的学科，学习语文其实是一件很有意思的事情。儿童问学课堂是为了儿童、发展儿童的课堂，是用贴近儿童的方式去激发和唤醒儿童学习语文的情感，激活儿童学习的内驱力，把语文课上得好玩一些；儿童问学课堂是聚焦语言、学习语言的课堂，是用汉语言文字本身所独有的文化张力和艺术魅力去唤醒儿童学习的情趣，把语文课上得有意思一些；儿童问学课堂是优化学习、快乐体验的课堂，是用儿童喜闻乐见的形式，设计丰富多彩的语文实践活动，调动学生学习的积极性和创造性，把语文课上得有活力一些。其实，学生一旦对语文产生了情感，自然就会亲近语文，爱上语文。即便老师不教，他们也会乐意去学。自主而有意思的语文学习就会成为学生的一种生活常态。

（五）这样的课堂是具有生长力道的课堂

儿童问学课堂指向学生的生命成长，积极地为提升学生的核心素养提供可能和创造条件，优化学习过程，强化实践运用，使得学生的语言建构与运用能力能够在语文实践的过程中丰厚起来，思维发展与提升能力在语文实践的过程中丰盈起来，审美鉴赏与创造能力在语文实践的过程中灵动起来，文化传承与理解能力在语文实践的过程中厚重起来。

经 典 课 例

《我的拿手好戏》（统编版六年级上册）
教学实录

一·激趣，领悟"拿手好戏"

师：今天，我来到你们学校，第一次见到同学们。我要把我精心准备的一样礼物献给大家。请看屏幕。（PPT 展示）

师：这是我写的毛笔字，写的是一首唐诗。这首诗的名字叫《滁州西涧》。有没有同学会背？不会背的同学能读出来吗？（生沉默）

师：草书读起来有点困难，是吧？"独怜幽草涧边生，上有黄鹂深树鸣。春潮带雨晚来急，野渡无人舟自横。"（生逐渐跟着吟诵起来）

师：这首诗背过的，有点忘记了。我们再来诵读一遍。（生诵读）

师：我还写了一幅字，是陶渊明《饮酒》中的一句诗。谁来读读看？

生：此中有真意。

师：一起来读，好吗？

生：此中有真意。

师：我知道，我写的毛笔字和书法家比起来还有很大的距离，但是，我对它情有独钟，可以说，写毛笔字成了我的——（出示书法作品：拿手好戏）

生：拿手好戏。

师：写毛笔字成了我的——

生：拿手好戏。

师："拿手好戏"是什么意思？

生：最擅长的事。

师：最擅长的事，最擅长的本领，就叫——

生：拿手好戏。

师：写毛笔字是我的拿手好戏，我们班有没有同学跟我一样也喜欢书法，爱写毛笔字的？（生举手）

师：有三位书法爱好者。那你们想不想把你们的拿手好戏在黑板上展示一下？

生：想。

师：都想展示，但黑板空间有限，那你们用石头剪刀布的方法，选一个人上来写吧。（一生上黑板写）

师：大家看他在黑板上书写"我的拿手好戏"这六个字。

师：确实练过，功夫不一般！比我厉害，我像你这么大的时候根本写不出这么潇洒的字来。你叫什么名字？

生：姜晨曦。

师：书法，的确是姜晨曦的拿手好戏。同学们，把最热烈的掌声献给姜晨曦同学。（生鼓掌）

师：同学们，提起拿手好戏，你们有没有想到一些人或故事？有几个歇后语就很有意思，我们来看一看。（出示歇后语）读——

生：（读）张飞卖肉一刀切——拿手好戏。

师：见过卖肉的吗？

生：我在菜场里见过卖肉的。

师：像张飞这样卖肉的，你见过吗？

生：没有见过。

师：那你们觉得，张飞卖肉这出拿手好戏的看点在哪里？

生：看点在一刀切肉上。几斤几两，张飞只要一刀就能切出来。

师：所以，卖肉一刀切，就成了张飞的——

生：拿手好戏。

师：（出示歇后语）再看，读——

生：（读）关公舞大刀——拿手好戏。

师：关公什么人，知道吗？

生：关羽，关云长。

师：他舞的刀叫什么刀？

生：青龙偃月刀。

师：有多重？

生：82斤。

师：对的，82斤重的一把大刀，在关羽的手上运用自如。那么，这出好戏的看点在哪里呢？

生：把青龙偃月刀舞得出神入化。

师：（出示歇后语）读——

生：（读）梅兰芳唱《霸王别姬》——拿手好戏。

师：知道梅兰芳这个人吗？

生：梅兰芳是一位戏剧家。

师：他最擅长唱什么剧？

生：唱京剧。

师：梅兰芳被称为京剧大师，尤其《霸王别姬》唱得好。那么，这出拿手好戏的看点又在哪儿呢？

生：梅兰芳是男的，而他演的虞姬是女的。

生：梅兰芳把虞姬这个人物演得活灵活现。

师：梅兰芳最擅长表演的是旦角，他把虞姬的形象演绎得惟妙惟肖，出神入化。这出拿手好戏的最大看点就在这里。同学们，如此来看，拿手好戏是有故事、有看点的。

二·导情，唤醒"拿手好戏"

师：刚才欣赏了别人的拿手好戏，同学们或许会心生羡慕。其实，我们自己身上也有值得称道、让人羡慕的拿手好戏。有一句话说得好，读——

师：（读）十八般武艺，样样是好戏。

师：再读——

生：（读）十八般武艺，样样是好戏。

师：你的拿手好戏是什么呢？请打开你封存的记忆。读——

生：（读）跳舞，唱歌，画画，变魔术。

师：这些事情，你觉得神奇吗？

生：不神奇。

师：为什么？

生：因为这些事情是我们身边平平常常的事情。

师：这些事情是最平常不过的事情了，但如果我们把它们做到极致，做成你的拿手好戏，这样的话，跳舞就会变得神奇起来，唱歌就会变得神奇起来，变魔术也会让人感到很神奇。读——

生：（读）剪纸，捏泥人，做标本，做航模。

师：这些事情如果成为拿手好戏，你觉得神奇吗？

生：神奇。

师：为什么？

生：因为这些事情我们平常不经常做。

师：其实，这些也是我们身边的平平常常的事情。如果它们成为你的拿手好戏，是一两天功夫就能练成的吗？

生：不是。必须长期地持之以恒地去练习才行。

师：有一句话说得好。台上一分钟——

生：台下十年功。

师：是的。再看，读——

生：（读）挑西瓜，做面食，炒拿手菜。

师：这些事情神奇吗？

生：不神奇。

师：但是，当它们成为你的拿手好戏的时候，就会变得——

生：神奇起来。

师：再看。

生：（读）吹口哨，玩魔方，钓鱼。

师：从这里可以看出，拿手好戏是极其平常的，就在我们自己身上。只要你把某一件事情做到了极致，成了你最擅长的本领，它就成了你的——

生：拿手好戏。

师：请同学们打开记忆的闸门，想一想，你们的拿手好戏是什么？拿出作文本，把你的拿手好戏的名称写下来，写在第一行的中间。

师：有人写两个，有人写三个，很好，说明你的拿手好戏很多。请你从这两三个中选出一个你最擅长的。

师：一个个拿手好戏的名称已经从我们的心中流淌到了纸面上，我们来交流一下。

生：我的拿手好戏是写字。

师：我看了你写的字，真的很漂亮，像书法家写的一样。

生：我的拿手好戏是画画。

师：你是咱们班上的小画家。

生：我的拿手好戏是玩魔方。

师：前面展示的是书法，现在写的是玩魔方。看来玩魔方是你更擅长的拿手好戏。很好！

生：我的拿手好戏是弹吉他。

师：一边弹一边唱吗？

生：有时候是这样。

师：边弹边唱很吸引人。

生：我的拿手好戏是朗诵。

师：咱们班上的小小朗诵家。

生：我的拿手好戏是挑西瓜。

师：挑西瓜，看来你们家买的西瓜都是你挑的了。

……

师：每一个同学都有自己的拿手好戏。愿意把你的拿手好戏拿出来与大家分享吗？

生：愿意。

三·启思，酝酿"拿手好戏"

师：与别人分享是一件快乐的事。作家刘震云说："写作并不是坐在书桌前才叫写作，更重要的是准备和酝酿的过程。"也就是选材构思、谋篇布局的过程，或者说是思考"写什么"和"怎么写"的过程。那么，对于你的拿手好戏，你最想与同学们分享些什么呢？

生：我想把我练习唱歌的过程与大家分享。

师：你想与别人分享你的拿手好戏是怎样练成的。

生：我的拿手好戏是打篮球。我是从二年级开始打的，一直打到现在。

师：我想追问你几个问题。你打篮球，谁教你的？

生：我自己练的。

师：自学成才。那你在打篮球的过程中有没有尝到一些苦头？

生：有，就是一开始打的时候被别人嘲笑过。

师：当时，别人是怎么嘲笑你的？你的心情怎么样？

生：他说："你这样子还打篮球啊。"我当时没有理他，就想着以后必须打过他。

师：暗下决心，战胜对手。在这过程中，你有没有尝到甜头？

生：就是快到六年级的时候，我终于比他厉害了。

师：终于战胜了嘲笑你的那个人。看来，你的拿手好戏，真的很有戏。其他同学也来说说看。

生：每次去菜场买西瓜，妈妈总是拍拍西瓜看熟没熟，我经常看就练成了。

师：你第一次挑西瓜是什么时候？

生：去年夏天。

师：第一次挑西瓜成功了吗？

生：没有。

师：你是怎么挑的？

生：我会先拍拍，再听听声音，以为熟了，结果到家切开，没熟。

师：第一次挑失手了。后来又挑了多少次？

生：挑了十几次吧。

师：挑了十几次练成了你的拿手好戏。

生：差不多。

师：今年有没有挑成功？

生：嗯。

师：挑西瓜，从去年练到今年，一年多的时间，成了她的拿手好戏。同学们，你们的拿手好戏是怎么练起来的？得把这个过程想清楚、弄明白。这是其一。其二，还要想清楚在练就拿手好戏的过程中或者练好之后有没有发生一些有趣的故事。同学们好好回忆一下，在练的过程中或者练好之后有没有发生一些有趣的事？

生：有一次，我和朋友踢足球，踢得太高了，踢到草丛里去了。我和朋友找了半个多小时才找到。

师：你的拿手好戏是踢足球。有一次是什么时候？在什么地方踢球？

生：上个星期六，在广场上踢足球，把球踢到草丛里了。

师：既然是故事，你得把故事的来龙去脉想清楚，更为重要的是，你还得把这个故事的看点想清楚，因为是好戏嘛，得有看点，让人觉得有趣。你觉得，这个故事的看点是什么？

生：操作不好。

师：什么叫操作不好？

生：就是踢得不好。

师：这个看点，你准备怎么把它放大呢？比如，你们当时是怎么踢球的？球是怎么运行的？踢到草丛中，你们的心情怎么样？你们在草丛中是怎么找球的？如果你能通过追问把这些细节想清楚，让当时的场景能够再现在自己的脑海中，那么，你的拿手好戏就会有戏了。拿手好戏一定要有戏，要有看点。谁再来说？

生：在我刚会玩魔方的时候，我就说可以给大家表演。第二天，我带来了魔方，老师让我当众表演，结果突然一下全忘了，我很尴尬。

师：你当时是怎么吹牛的？

生：我说一分半钟就能还原好。

师：当时同学们有什么反应？是怎样的一番情景？

生：同学们都说我厉害，并向我投来赞许的目光。

师：那你当时心情怎么样？

生：十分得意。

师：你看，这样就把"吹牛"这个点给展开了，故事也就自然展开了。第二天，来表演的时候——

生：我拼到一半的时候，头脑一片空白，忘了公式，没有还原成功。

师：在表演的时候，同学们用什么样的眼光看着你？

生：赞赏，羡慕。

师：同学们如此羡慕你，用赞赏的眼光看着你，你的心情怎么样呢？

生：我十分得意。

师：最后表演失败了，你变得怎么样了？

生：十分尴尬。

师：尴尬。其实，这个变化的过程就是故事的看点。所以，你要把这个过程想清楚，这样故事就会变得具体而生动了。

四·谋篇，展示"拿手好戏"

师：同学们，如果我们把"我的拿手好戏是怎么练成的"和"在练就拿手好戏的过程中或者练成之后有没有发生有趣的故事"这些内容想清楚，"写什么"的问题就迎刃而解了，你的拿手好戏真的就会有戏了。那么，怎么来写"我的拿手好戏"呢？这需要进行一番思考。我们前面思考的内容，哪些先写，哪些后写，哪些要写得详细些，哪些可以写得简略些，其实是对谋篇布局的一种思考。如果我们能把这些想清楚了，"怎么写"就有了头绪，"我的拿手好戏"就会从你的头脑当中自然而有序地流淌到纸面上来。我们班同学知道我要来徐州，特地委托我把他们的礼物带给大家，想不想看看？

生：想。

师：好，我们一起来看看——

［播放视频——视频中的学生说："我的拿手好戏是挑西瓜。我非常喜欢吃西瓜，爸爸总带我去买西瓜。一开始是爸爸帮我挑，后来爸爸让我自己试着挑。就这样，没几天我就练成了挑西瓜的绝活。周末，我和同学去郊游，看见一位叔叔在那里卖西瓜。为了展示我的拿手好戏，我带领同学去挑西瓜。那么多的西瓜，我先看一看，拍一拍，再听一听，就挑选了两个西瓜。这两个西瓜肯定甜掉牙！"（切了第一个西瓜）"来，吃西瓜！"一生说："哇，你挑的西瓜真甜！""那是当然！"另一生说："你挑的西瓜真好吃！我还想吃。"（切开第二个西瓜）"唉，没熟！挑砸了！好尴尬哟！"］

师：好，这位同学的拿手好戏是什么？

生：挑西瓜。

师：三招挑西瓜。看，他把要给大家介绍的内容列了个提纲。他在提纲里列了些什么？

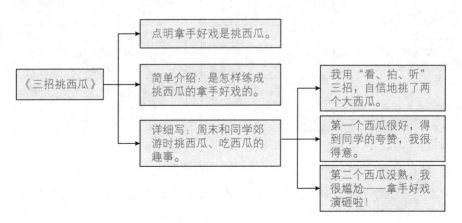

生：他在提纲中列了挑西瓜的过程。

生：他是分三个部分来介绍自己的拿手好戏，第一个部分，先介绍自己的拿手好戏是挑西瓜；第二部分，简单介绍是怎样练成挑西瓜的拿手好戏的；第三部分，详写周末和同学郊游时挑西瓜、吃西瓜的趣事。

生：从提纲可以看出，他介绍拿手好戏有详有略。

师：他重点是写周末和同学郊游时挑西瓜、吃西瓜的趣事。那么，他介绍趣事看点清楚吗？

生：我发现，他是从三个方面来介绍的。第一，去买西瓜，他挑了两个；第二，第一个西瓜很好，得到了同学们的赞赏；第三，第二个西瓜没熟，他很尴尬。每个方面都是看点，都很有趣。

师：通过这个提纲，你知道这位同学准备写什么，清楚不清楚？

生：清楚。

师：他准备怎么写，清楚不清楚？

生：清楚。详略的安排，重点的内容，他都写得一清二楚。

师：是的，提纲是写作的思维导图，是对"写什么"和"怎么写"的一种整体性的思考，是对构思谋篇的一种浓缩性的表达。再来看看另一位同学的拿手好戏。（播放视频）

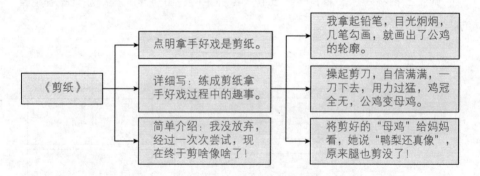

师：通过她的提纲，我们可以清楚地知道她准备在习作中"写什么"以及"怎么写"自己的拿手好戏。现在，把这两位同学编的提纲放在一起，你有什么发现呢？

生：我发现，《剪纸》的第二部分是详细写练成剪纸拿手好戏过程中的趣事，而《三招挑西瓜》的第二部分简单写是怎么练成挑西瓜的拿手好戏的。

师：也就是说，可以详写练成之后的趣事，也可以详写练就拿手好戏的过程中的趣事。两位同学的提纲之中，既有详细写的内容，也有简单写的内容，他们做到了——

生：详略得当。

师：这是第一个发现。再看老师圈出来的是他们所要介绍的故事，你有什么发现？

生：他们把怎么来写趣事，在提纲中列得很清楚。

生：他们把故事的来龙去脉写得很清楚。

师：他们的故事有没有看点？

生：很多精彩的细节很传神，有看点。

师：拿手好戏是有戏的，戏得要有观众才行。那么，他们是怎么把故事展开的呢？

生：他们不仅列出了自己是怎么做的，还列出了别人看他们表演时的表现。

师：这就是"重点清楚"。

生：（读）重点清楚。

师：你看，简简单单的提纲，就把"写什么"和"怎么写"浓缩地表达了出来。列好提纲，是写好作文的关键。下面就请同学们来编写提纲。（生动笔列提纲）

五·评议，完善"拿手好戏"

师：刚才同学们通过列提纲把"写什么"和"怎么写"作了整体性的思考。谁愿意来展示一下自己的写作提纲？

生：我的拿手好戏是做手杖。第一部分，点明我的拿手好戏是做手杖；第二部分，详细写我在做手杖时的趣事；第三部分，简单介绍我是怎样练成做手杖这个拿手好戏的。其中，第二部分我又分了两个方面来写。先写一天我在练习做手杖，两个姐姐夸我做得好，要我教她们；然后写我教她们做手杖。

师：你觉得你的拿手好戏最大的看点在什么地方？

生：我觉得我的拿手好戏最大的看点是我教两个大姐姐做手杖的过程。

师：同学们听了之后有什么想问她的？

生：你为什么把怎样练成做手杖放在第三部分来写？

生：第二部分写的是我做手杖的技术还不成熟的时候发生的趣事，第三部分写我不断努力之后，每一次做的手杖都非常成功。

师：她的解释你满意吗？

生：满意。

师：你想问什么？

生：你用了多长时间练成了做手杖这个拿手好戏？

生：现在，你的手杖做得怎么样了？

师：这些是同学们关注的问题。这几个问题对于修改与完善你的提纲是有帮助的。如果你觉得有道理，就采纳。因为作文是写给别人看的，有时还需满足别人的好奇心，也就是说，我们写作文的时候心里要想到别人，这就叫读者意识。请你推荐一位同学，再来展示、分享一下所列的提纲。

生：我的拿手好戏是钓鱼。首先点明我的拿手好戏是钓鱼；第二部分的开始写我是怎样练成钓鱼这个拿手好戏的，中间写我在钓鱼时的趣事，然后写别人对我的钓鱼技术的肯定；最后写别人怎样看我，我的心情是怎样的。

师：（PPT 出示）请大家对照标准来评价一下这位同学的拿手好戏。

写什么	是否切题	☆☆	
	有无故事	☆☆	
怎么写	详略分明	☆☆	
	重点清楚	☆☆	

师：他写的是钓鱼，可不可以称为拿手好戏？

生：可以。

师：这是切题的。再看，他的提纲中有无故事？

生：有。

师：你觉得通过他的介绍你还有听得不过瘾的地方吗？也可以问问他。

生：不知道是在什么时候和什么人一起钓鱼。

师：这个故事的来龙去脉还不清楚。你想问他什么？

生：我想详细地知道故事的过程。

师：有故事，但提纲中对故事的来龙去脉展示得不够清楚。

生：你的故事看点是什么？

师：还有什么想问他的？

生：你当时的心情是什么样的？在想些什么？

师：同学们提了这么多的问题，这些对于完善你的提纲也是有启发和帮助的。再看怎么写，他详略分明不分明？

生：我觉得，他详略不够分明。

师：给他提些建议，好吗？

生：要把故事讲得更详细。

师：故事讲得更详细，故事就——

生：详略分明了，重点就清楚了。

师：给他掌声。

师：刚才我们听了两位同学展示的提纲。他们的交流有没有给你带来什么启发？下面就请你对照表格中的标准来改一改提纲。（生改提纲）

师：大家改得非常认真，表扬六（4）班所有同学，最后再请一位同学来展示他的写作提纲。

生：我的拿手好戏是玩魔方。共分四个部分。第一部分，点明拿手好戏是玩魔方；第二部分，简写怎样练成玩魔方这个拿手好戏；第三部分，详写练成后的趣事；第四部分，写现在经过不断反思，练成了新招。第三部分我是分为三个方面来写的：一是在学校吹牛，得到同学称赞；二是带来魔方展示，最后表演失败，同学们嘲笑；三是我暗下决心刻苦练习。

师：你列的提纲，自己满意吗？

生：我自己还挺满意的。

师：很好，就要这么自信。你觉得还有什么遗憾的地方吗？如果有，可以说一说。

生： 故事的过程还可以再列得详细一点。

师： 同学们还有什么建议吗？

生： 当时自己的思想感情可以写得再清楚一点。

生： 表演魔方时的动作细节可以再细致一些。

师： 同学们说的这些，可谓是锦上添花。同学们，著名作家老舍说过："有了提纲心里就有了底，写起来就顺理成章；先麻烦点，后来可省事。"所以，提纲编写得越周全、越细致，写起作文来就越容易、越快捷。下面，请同学们根据提纲把作文写出来，写完后读一读，看看是否通顺，重点部分是不是写清楚了，再改一改。然后，在班级里进行一次"我的拿手好戏"分享会。

名 师 评 析

"问"得精彩，"学"得灵动

"问"与"学"的关系十分密切，"君子之学必好问。问与学，相辅而行者也"。特级教师潘文彬先生倡导的"儿童问学课堂"，在继承优秀语文教育传统中铭刻着鲜明的时代理念，这样的课堂以儿童为中心，指向语文核心素养的养成，强调学习方式的转变，追求语文学习的真实发生。而儿童问学课堂策略在习作指导课上的运用，也使得高年级习作课堂呈现出生动的、成长的样貌来。以统编版六年级上册习作7《我的拿手好戏》教学为例，我以为儿童问学课堂主要体现出以下教学特质：

一·"问"在寻常处，"学"问题意识

"看似寻常最奇崛，成如容易却艰辛"，写作教学的范式经历了文章写作、

过程写作，到交际语境写作的历程，而交际语境写作代表了"我国写作教学的发展方向"（荣维东教授语）。潘老师在《我的拿手好戏》教学中，创设"分享"的真实语境，于"寻常处"设问，注重培养儿童的问题意识。

比如，在激活学生已有的生活经验时，潘老师先后出示了教材中的这四组词语："跳舞，唱歌，画画，变魔术"，"剪纸，捏泥人，做标本，做航模"，"挑西瓜，做面食，炒拿手菜"，"吹口哨，玩魔方，钓鱼"，帮助儿童打开封存的记忆，唤醒"拿手好戏"。这些词语的出示是经过精心设计的，首先，这些词语覆盖面广，几乎涵盖了儿童生活的方方面面，有利于儿童记忆的唤醒与提取；其次，这些词语中表现的事例有难有易，兼顾了儿童生活的差异与个性化。而此处紧扣"你觉得神奇吗？"来设问，并以"这些事情是最平常不过的事情了""拿手好戏是极其平常的"等评价，反复强调"做到了极致，就成了你的拿手好戏"，于无疑处、寻常处设问，启发思考，指导儿童发现生活与习作的紧密联系，拉近了儿童与习作的心理距离。

二 · "问"在矛盾处，"学"探究路径

在具体教学情境中，如果能巧妙地设置矛盾冲突，展开设问，就可以形成儿童的"认知冲突"。心理学研究表明：一旦造成"认知冲突"的心理状态，就能使学生产生一种主动探究的动力。潘老师在教学中灵活地使用了这一方法。

在开启思维、酝酿"拿手好戏"的过程中，潘老师在追问时先问"那你在打篮球的过程中有没有尝到一些苦头？"之后又问"在这过程中，你有没有尝到甜头？"这截然相反的设问，看似矛盾，实则颇具匠心：一则拓展了儿童的思维空间，启发他们学会从多角度（乃至完全相反的角度）展开探究，丰富习作的素材积累；二则通过教学过程的引领潜移默化地教会了儿童追问的方法，可以一问到底，如"有没有尝到一些苦头？"之后继续追问："别人是怎么嘲笑你的？你的心情怎么样？"等，还可以正反对比着问。

三·"问"在疑惑处，"学"交流方法

王荣生教授曾尖锐地指出过语文教师课堂上的群体性问题，即仅仅着眼于教师的教，或者着眼于教学方法，而较少考虑教学内容的正确、合宜，并称之为"教学设计的双重扭曲"。更危险的是，这样的教学眼中没有儿童，无视他们的疑惑。潘老师的课堂是这样处理的：

师：……好戏嘛，得有看点，让人觉得有趣。你觉得，这个故事的看点是什么？

生：操作不好。

师：什么叫操作不好？

生：就是踢得不好。

师：这个看点，你准备怎么把它放大呢？比如，你们当时是怎么踢球的？球是怎么运行的？踢到草丛中，你们的心情怎么样？你们在草丛中是怎么找球的？如果你能通过追问把这些细节想清楚，让当时的场景能够再现在自己的脑海中，那么，你的拿手好戏就会有戏了。

这一环节中，儿童对"故事的看点"认识是模糊的，不到位的，也可以说是教学预设之外的新问题，潘老师敏锐地把握住了这一信息，一连串的追问有效引导儿童进行了思维路径的自我修正，再次明确了习作重点，发现了新的认知领域，为有效交流提供了保障。

四·"问"在提升处，"学"拓展延伸

在教学实际中，一旦进入自主的静态习作，多数学生会觉得无东西可写，无处下笔，因为"形式对于大多数人而言，是一个秘密"。如果说前面所说的

问，是解决了"写什么"的问题，这里所说的问要助力的是"怎么写"的问题，"怎么写"是儿童在习作课堂收获的直接展现，是习作教学效果的终端呈现，不容小觑。潘老师在教学中是这样呈现的：

教师的"问"是指向习作框架的搭建。"他在提纲里列了些什么？""通过这个提纲，你知道这位同学准备写什么，清楚不清楚？""他们的交流有没有给你带来什么启发？"问的层次分明，层层推进。对有布局谋篇需要的高年级学生来说，这样的指导是实实在在需要的，也是实实在在有效的。

学生的"问"是指向习作细节的丰盈。教学中也不乏这样的细节之问：

师：这个故事的来龙去脉还不清楚。你想问他什么？
生：我想详细地知道故事的过程。
师：有故事，但提纲中对故事的来龙去脉展示得不够清楚。
生：你的故事看点是什么？
师：还有什么想问他的？
生：你当时的心情是什么样的？在想些什么？

通过这样的"问"，让儿童的表达有了支架，让"问"与"学"走向互动，驱动儿童的深度思维，切实提升儿童的言语表达素养。

总的来说，以素养为本位的儿童问学课堂以"问"为发端、为探究、为深入，紧紧围绕"学"这个核心，是有深度的、有灵魂的课堂。潘文彬先生及其儿童问学课堂重视语文教育的继承与发展，并站在教育思想发展的前沿审视当今语文教学，相信对当下的小学语文课堂教学改革有着极大的促进意义。

（吴勇　江苏省特级教师、正高级教师）

儿童问学课堂，
实现以文化人的最优化

　　语文是义务教育阶段最为基础的课程，在核心素养的召唤下，语文教学应该要关注人的生命成长，要从传统的关注知识点的落实转向关注核心素养的养成上来，尊重学生，激励学生，发展学生，使学生在学习语文的实践中，涵育语文情感，习得语文知识，把握语文方法，砥砺语文能力，生成语文品格，成为具有丰厚素养的语文人。文以载道，文道统一。语文课程的育人功能不是靠教师的说教和灌输就能达成的，而是要依靠学生自己对语文课程的潜心学习化而得之的，是通过"以文化人""学以成人"来彰显其独特的育人价值与学科魅力的。"化"是春风化雨之化，是潜移默化之化。"以文化人"是一种和风细雨式的熏陶与感染，而不是一种疾风骤雨式的说教与灌输。所以，语文教学既要紧扣"文"，又要悟透"道"，并通过创设真实的学习情境，设计有效的学习任务，促进学生在语文实践活动中学"文"悟"道"，获得一种"有如时雨化之"的酣畅。儿童问学课堂以此为追寻，把以文化人、学以成人作为语文教学的最大公约数，实现以文化人的最优化。

一 · 涵育情感，酿造以文化人的浓度

　　语文教学面对的是有血有肉、充满活力、富有情感的儿童，指向核心素养的语文教学给予他们的应该是一种鲜活的语言，一种灵动的实践，一种快乐的体验，一种幸福的生活，一种温暖的生长。对于儿童来说，语文学习只有饱含

着浓郁的情趣和迷人的魅力，才能够吸引儿童，让儿童喜欢上语文，爱之，学之。孔子说："知之者不如好之者，好之者不如乐之者。"这"好之""乐之"，皆为一种情感，是一种发自肺腑的真情实感。试想，儿童对语文倘若没有这样的一种"好之"甚至"乐之"的情感，何来学习语文的兴趣？没了兴趣，又何来语文核心素养？"课程标准"明确指出："语文课程应引导学生热爱国家通用语言文字，在真实的语言运用情境中，通过积极的语言实践，积累语言经验，体会语言文字的特点和运用规律，培养语言文字运用能力。"

所以，指向以文化人、学以成人的儿童问学课堂首先要致力于培育学生学习语文的情感，用炽热情感来酿造以文化人的浓度。其实，儿童这种对语文"好之""乐之"的情感是在亲历学语习文的实践中潜滋暗长、日益丰盈起来的。

情感需要情感来孵育。培育儿童的语文情感，教师首先要对语文充满情感，成为一个热爱汉字、热爱母语、热爱祖国文化的人。教师当用自己的一腔热情去影响儿童，激发和唤醒儿童对汉字、对母语、对祖国文化的思想感情。

情感也需要实践来培育。培育儿童的语文情感，还得把儿童置身于学习语言文字运用的情境当中，切实让儿童在识字与写字、阅读与鉴赏、表达与交流、梳理与探究的实践中，揣摩和感受语言文字的张力和魅力，习得语文方法，生成语文能力，进而对语文产生一种美好的情感。

情感还需要智慧来化育。培育儿童的语文情感，还得要有一种落雪无痕的方法和润物无声的智慧，以此来化育儿童的语文情感，吊起他们的胃口，使他们对学习语文拥有一种"饥渴感"。儿童一旦有了这种"饥渴感"，自然就会对语文学习产生一种内在动力，就会乐此不疲地去亲近语文，学习语文，享用语文。

其实，学生一旦对语文学习有了一种真挚的情感，他们就有了学习的动力，就会形成一种自觉习惯，不待老师教，他们也会主动地去学语习文，享受学习语言文字运用的无穷快意。而这，正是儿童问学课堂的一种情感温度和自然状态。

二·习得知识，校准以文化人的宽度

知识是形成素养的必要条件。试想，如果没有语文知识的学习和积淀，语文核心素养从何而来？以文化人何以实现？指向以文化人、学以成人的儿童问学课堂离不开语文知识的学习，要用知识来校准以文化人的宽度。这里的宽度，不是传授知识的多与广，而是知识的少而精。所以，在教学时，要善于取舍，精准发力，遴选那些少而精当的且富有生长力的种子知识来让学生学习、积累、运用，这样的知识更能形成能力，生成素养。语文知识，其实就是关于字词句段篇的知识。然而，我们必须清楚地认识到，语文知识的学习，是为帮助学生理解和把握国家通用语言文字的特点和运用规律，形成个体语言经验服务的。所以，在语文教学中，可以引导学生随文学习必要的语文知识，以帮助理解和感受语言文字的丰富内涵，但不能脱离语文运用的实际去进行"系统"的讲授和操练，更不应要求学生死记硬背概念、定义。具体来说，对于语文知识的学习要关注这么几点：

第一，语文知识的学习是为了帮助学生更好地理解和感悟语言文字的文化意蕴及表达艺术，因而，它是因文而学、自然而然的，且有一定的必要性。

第二，语文知识的学习是为了帮助学生更扎实地开展语文实践活动，让学生在丰富的语言实践中将知识转化为能力，形成独具个性的语言经验。

第三，语文知识的学习是为了帮助学生养成正确、规范运用语言文字的意识和能力，让学生能够在具体语言情境中有效地交流沟通，提高其语言运用的品质和智慧。

指向以文化人、学以成人的儿童问学课堂不是机械刻意地传授知识，而是让知识的学习渗透在语文实践的过程之中，使得知识的学习能够更好地促进学生在语文实践中发现问题、提出问题、探究问题、理解问题、解决问题，展开深度而有意义的学习。比如，学习统编版五年级上册《落花生》这篇课文，必然要让学生学习"借物喻人"这个知识，但我们切不能把这个知识只当作一个知识点写在黑板上让学生记住它就行了，而是要凭借课文的内容，引导学生阅读、理解课文所呈现出来的语言现象，揣摩、感悟"借物喻人"的真实意蕴：

一是所借事物的特点与人的品格要有相通或相似之处；二是对事物的特点要进行重点描写，要把"人"的特点寓于事物特点之中。如此来还原、拆解、建构，学生既对课文内容有了深刻的理解和感悟，又对"借物喻人"这个知识有了深刻的领悟和把握。这样，"借物喻人"这个知识就在品味文字的过程中变得立体而丰满起来了，自然也就积淀成了学生的一种知识经验。这样，他们今后在阅读到类似文章的时候，或者用此种手法写作的时候，就有了一种阅读和表达的智慧。如此日积月累，核心素养就会在这种反刍、内化、运用的过程中自然而然得以形成。

三 · 掌握方法，延伸以文化人的长度

方法比知识更重要。指向以文化人、学以成人的儿童问学课堂，关注学习方法的习得，让学生在语文实践的过程中，掌握学习语文的基本方法，形成良好的语文学习习惯，以此延伸以文化人的长度。语文是实践性课程，方法的获得当然离不开丰富多彩的语文实践活动。因此，儿童问学课堂尤为强化学生的"问"与"学"，淡化教师的"教"，采用启发式、讨论式、探究式、参与式教学，努力为学生营造丰富多彩的课堂学习生活，让学生无拘无束地问，主动积极地学，富有创造地学，乐此不疲地学，在"问""学"相生的活动中不断操习，不断积累，进而掌握学习语文的基本方法。

教师是学生"问""学"活动的组织者和引导者。要让学生掌握一些基本的语文学习方法，教师手中得有一些引导学生学习语文的智慧和方法。

从语文学习兴趣的角度看，儿童问学课堂能够根据学生身心发展和语文学习的特点，合理运用有效的方法，保护学生的好奇心和想象力，激发学生的求知欲，确保每一位学生都能主动积极地参与到语文学习活动中来。

从语文学习方式的角度看，儿童问学课堂能够营造一种民主自由的学习氛围，给予一种自主选择的学习权利，把课堂让给学生，把时间交给学生，把学习的主动权还给学生，让学生用自主、合作、探究的学习方式展开语文学习活动，切实让学生在真实的读书、真实的思考、真实的发问、真实的探究、真实

的合作、真实的表达的过程中找寻到适合自己的语文学习方法。

从语文学习目标的角度看，儿童问学课堂引导学生学习的不只是语文知识，而且是以课文为载体帮助学生掌握一些学习字词句段篇的基本方法，使学生形成自能学习的能力。比如，在识字与写字方面，着力让学生掌握的最基本的识写方法：从字音上，要学会借助拼音、请教他人和借助工具书，读准字音，区别音近字、同音字、多音字等；从字形上，要学会通过图解、猜谜、编儿歌、换部件等识字法，记住字形；从字义上，要学会与词语的理解相结合，能够借助字典、词典或联系具体的语境和生活实际，弄清字词的意思；从书写上，要学会笔顺笔画规则，能够正确、规范和美观地写好汉字，感受汉字的形体之美。又如，在阅读与鉴赏方面，着力让学生学会朗读、默读、诵读、精读、略读、浏览，能够运用多种读书方法感受、理解、欣赏语言文字的内容和形式，在主动积极的思维和情感活动中，有所思考和感悟，受到情感熏陶，获得思想启迪，享受审美乐趣。学生一旦掌握了这些学习语文的方法，就能够在生活中自主阅读，自能学习。

四 · 培育素养，垫起以文化人的高度

语文课程是一门学习国家通用语言文字运用的综合性、实践性课程。学习语言文字运用是语文课程的独当之任，也是语文课程最本质的属性。语言文字运用能力是衡量人语文核心素养的一把尺子。语言文字运用能力，就是听说读写的能力。而听说读写的能力又是在语文实践中得以培养的。"课程标准"就明确指出："在语文课程中，学生的思维能力、审美创造、文化自信都以语言运用为基础，并在学生个体语言经验发展过程中得以实现。"所以，指向以文化人、学以成人的儿童问学课堂，致力于全体学生语文核心素养的形成与发展，让学生在丰富多彩的语文实践中进行听说读写的实践，砥砺能力，培育素养，用素养来垫起以文化人的高度。

（一）培育核心素养，要咬定语言文字不放松

儿童问学课堂，尤其要关注和利用课文所呈现出来的独特的语言现象，精心设计富有情趣的语文实践活动，把学生置身于听说读写的语文学习的情境中，能积极主动地去认识汉字，并能一笔一画地去书写汉字；能认真倾听老师和伙伴说话，并能听懂他们说话的意思；能无拘无束地表达自己的观点，并能把自己想说的话讲清楚、说明白；能专心阅读，潜心会文，并能用准确、凝练的语言文字表达出从文本中获取的信息；能读中学写，自由写作，并能具体明确、文从字顺地表达自己的见闻、体验和想法。课堂外，可以让学生去收听广播，阅读书籍、报刊和各种说明书，讲述故事，与人聊天，上网浏览、发邮件，等等。如此这般，让学生亲历语文实践的过程，体会语言文字的意味和情味，揣摩语言文字的分寸和美感，感受语言文字的张力和魅力，探索发现语言文字的特点和运用规律。这样，学生在亲历语文实践的过程中，就会把学习语言文字运用的"经历"演变为"经验"，进而形成一种一听就明、一说就顺、一读就懂、一写就通的语言文字运用智慧。

（二）培育核心素养，要开启学生的思维之窗

语文实践的本质是一种主动积极的思维活动。学习语言文字运用，就是学生感受语言文字魅力、习得语言文字表达智慧的思维过程。所以，发展学生的言语思维能力是语文核心素养的聚焦点和着力点。指向以文化人、学以成人的儿童问学课堂，开启了学生的思维之窗：一是遵循儿童思维的特点和语文学习的规律，所采取的方式不是机械的灌输，也不是烦琐的操练，而是充分利用语文资源，精心创设一些贴近学生最近发展区的认知冲突，唤醒学生的思维，激发学生的期待，引领学生潜心钻研，能够在自主学习中发现问题，在静思默想中探究问题，在交流合作中解决问题，发展学生的言语思维，历练学生的听说读写能力，提升学生的思维品质。二是让学生的语文实践活动充满思维的张力，所谓张力，一方面是指有思维发散的空间，有比较多的可能性，答案不是唯一而是多元的；另一方面是指有思想的力量，有"众里寻他千百度"的曲折

感，也有"蓦然回首，那人却在灯火阑珊处"的获得感。其实，学生的语文实践一旦有了思维的力量，学习语言文字运用就会有思想的活力，就会有生命的质感，言语思维能力也就会得到更好的发展。

（三）培育核心素养，要擦亮学生的审美之眼

审美创造是语文核心素养不可或缺的方面。指向以文化人、学以成人的儿童问学课堂也注意培育学生的审美情趣。语文其实是一门最具魅力的课程，语文之美无处不在。问题的关键是怎么让学生拥有一双发现语文之美的眼睛。汉字是一种独特的文字。每个汉字就是一幅美丽的图画，就是一个神奇的故事。鲁迅先生说："汉字具有三美：意美以感心，一也；音美以感耳，二也；形美以感目，三也。"发现汉字的美，需要用眼去看，感受它的形态之美；用耳去听，感受它的音律之美；用心去悟，感受它的意蕴之美。如此感受汉字，汉字所蕴含的情趣、意趣和理趣，就变得灵动起来了；如此学习汉字，汉字所带来的审美体验，就变得立体起来了。汉语是最富意味的语言。每篇课文都是一个动人的经历，都是一部生命的礼赞。它融聚着作者的思想和智慧，文质兼美。从内容上看，能启迪心智，催人奋进，阅之，可滋养精神生命的成长；从语言上看，字字珠玑，富有说道，读之，能促进言语智慧的生成。语文学习就要把课文的这种内容和形式之美植入到学生的心灵深处，让学生在阅读中发现美，在品味中感受美，在表达中创造美。

需要强调的是，指向以文化人、学以成人的儿童问学课堂不是另起炉灶，不是全盘否定过去，而是对传统语文教学的一种继承和发扬。它让语文教学能够精准发力，关注儿童语文学习的情感，聚焦语文的核心知识，注重语文的学习方法，培育儿童语文学习的能力。它使语文教学回归到儿童的主体上来，回归到学习的本质上来，回归到语文的本体上来。

经典课例

《清平乐·村居》(统编版四年级下册)
教学实录

一·比较，发现词的独特

师：（PPT出示《中国诗词大会》画面）同学们，这个电视节目有没有人看过？

生：我爸爸让我看过，这个节目说的就是大家可以挑战诗词。

师：你知道你爸爸为什么让你看吗？

生：因为他想让我掌握更多的诗词。

师：这个电视节目非常火，男女老少都喜欢看。这档节目把中国古典诗词独有的魅力展现了出来。我知道同学们背诵了很多诗，清代高鼎的《村居》，不知道大家会不会背。一起来背背看。

生：草长莺飞二月天，拂堤杨柳醉春烟。儿童散学归来早，忙趁东风放纸鸢。

师：今天，我给大家带来的是一首依然叫"村居"的作品。（PPT出示《清平乐·村居》）它的名字叫——

生：《清平乐·村居》。

师：我请一个同学上来，把《清平乐·村居》这几个字工工整整地写在黑板上。我请这位男同学来写。把你们的眼睛开足马力看他写。（生板书课题）

师：大家看，这个题目与高鼎的《村居》有什么不一样？

生：《清平乐·村居》是词，高鼎的《村居》是诗。

师：说得好。那在这里什么是题目呢？

生："村居"是题目，"清平乐"是词牌名。

师：给她掌声。"清平乐"是词牌名，"村居"是什么？

生：题目。

师："清平乐"是词牌名，词牌标明的是词的曲调，不同的词牌，有不同的曲调。你们还知道哪些词牌名？

生：一剪梅。

生：鹧鸪天。

生：卜算子。

师：不同词牌名有着不同的调子，（出示PPT）一起读。

生：（读）词牌标明的是词的曲调，不同的词牌，有不同的曲调。所以，词有定调。

师：请大家再仔细比较一下，看看《清平乐·村居》和高鼎的《村居》，还有什么不一样？

生：它们的句式不一样。高鼎的《村居》每句七个字，而《清平乐·村居》有两个部分，第一部分每句字数不同，第二部分每句字数相同。

师：他发现了字数不一样。《清平乐·村居》句子的字数有多有少，有长有短，这是一个非常重要的发现。（出示PPT）一起读。

生：（读）词的句子有长有短，词又叫长短句。但并不是每个句子可以随意长短，而是有严格的规定，所以，调有定句。

师：这首诗和这首词还有什么不一样？再读一读，比一比。

生：词可以配乐来唱，但是诗不行。

师：词是配乐歌唱的一种文体，诗除了可以吟诵，也可以吟唱。还有什么不一样？

生：高鼎的那首《村居》，几行诗句是连续的。而这首词有两个部分。

师：高鼎的《村居》是一首七言绝句，有四行诗句；而《清平乐·村居》是八句，有两个部分。这里不叫段，而叫片或阕，前四句叫上片或者叫上阕，后四句叫下片或者叫下阕。《清平乐·村居》有几片？

生：两片。

师：再看看上片和下片有什么不一样。

生：上片是写景物的，下片是写人物的。

师：你是从内容上说的。从字数上来看，你有什么发现？

生：上阕，每句的字数不同；下阕，每句的字数相同。

师：这又是一个独特的发现。《清平乐·村居》上、下片每句的字数都有明确的规定：第一句必须四个字，第二句必须五个字，第三句必须七个字，第四句必须六个字，上片共 22 个字；下片必须每句六个字，共 24 个字。所以，句有定字。发现这个秘密了吧！只要我们把眼睛开足马力，动脑筋去思考，就会有所发现。现在，请大家放声读一读上片。看看你读后什么感觉。

生：上片朗朗上口，十分押韵，每句最后一个字的韵母都是"ɑo"，都是第三声。

师：厉害，给他掌声。你看，"小、草、好、媪"这几个字的韵母和声调都是一样的。（出示 PPT）这又是一个发现，读——

生：（读）每个字都有固定的声韵，所以，字有定声。

师：字有定声。看看下片是怎么定声的。读一读。

生：下片每行的最后一个字都是后鼻音。

师：这个"蓬"，在古时候读"pōng"。其实，"清平乐"上片定的都是仄声韵，下片必须有三个平声韵，你看，"冬、笼、蓬"这三个字词是不是平声韵？

生：是的。

师：词，好玩吗？

生：好玩。

师：好玩在哪里呢？（出示 PPT）因为词有——

生：（读）词有定调，调有定句，句有定字，字有定声。

师：词有这么多严格的规定，所以，作词又叫填词。词有词的魅力，词有词的精彩。要把一首词填好了，是要有智慧的。《清平乐·村居》这首词不仅体现了辛弃疾的才情和智慧，也融注了辛弃疾的思想和情感。下面，就让我们走进这首词里去体会辛弃疾的思想感情。

二·回顾，梳理学的过程

师：之前，我们学习了很多古诗，请同学们回忆一下，老师是怎么引领我们学习古诗的？

生：先让我们把诗读熟，再带着我们一个字一个字解释。

生：介绍诗的作者，了解诗的背景，体会诗的情感。

师：把同学们刚才说的归纳一下来说，我们学习古诗一般要经历以下几步：第一步，明其意，就是把诗的意思弄懂。诗是有意境的，不仅要读懂意思，还要去想诗的意境。所以，学习古诗的第二步是——

生：（读）想其画。

师：第三步就是那位同学说的，要了解作者这个人，就是——

生：（读）知其人。

师：知人论世，干什么呢？

生：（读）悟其情。

师：我们学习古诗要经历这样的过程，其实，读词和学诗一样，如果我们经历了这样几个过程，就能把词读懂了、读透了。

三·诵读，理解词的意思

师：我们现在进行第一步的学习。大家要想把词的意思读明白，首先要把这首词读好了。先自己读一读。（生自由读词）

师：都会读了吗？谁来给大家读读看？（生1读词）

师：他读得怎么样？

生：鼓掌。

师：掌声是对他的赞许。听他读后，咱们有没有话要对他说？请你（指生1）注意听。

生：读词和读诗一样要读出节奏和感情。

生：上阕和下阕之间要停顿。

生：他读的声音是柔音，这是豪放派词人的词，应该读得有气势，声音洪亮一些。

师：你懂得真多。他知道辛弃疾是豪放派词人。不错，但是，辛弃疾的词主要有两种，一种是豪放词，另一种是农村词。这一首属于农村词，我们读这首词可以舒缓一些的。大家提醒你（指生1）这么多，你再读一次，好吗？

（生1再读词，读后同学们情不自禁地鼓掌。）

师：非常好。这就是学习，我们看到的是他不断地进步。一起来读一读。

（生读词）

师：大家有点着急了，要读得稍微慢一些，读出词的节奏和韵味来。上片最后一字都是仄声韵，要读得短一些，饱满一些；下片有三个平声韵，要读得稍微长一些。要注意平长仄短，我们再来读一读。（生读词）

师：读到这儿，再对照注释，你们有没有什么不懂的？

生："亡赖"同"无赖"，就是形容小儿顽皮可爱的意思。

生："相媚好"是什么意思？

师：我由"亡赖"想到了一首诗中的几句，（出示PPT）请大家一起读。

生：（读）大妇织绮罗，中妇织流黄。小妇无所事，挟瑟上高堂。

师：这是汉乐府《相逢行》中的诗句，把它和《清平乐·村居》的下片放在一起，你们有什么发现？

生：我发现最小的人都没什么事情可做，比较调皮可爱。

生：我发现最小的都很自由。

师：你看，大妇在织绮罗，"绮罗"是一种丝织品；中妇织流黄，"流黄"也是一种丝织品。还有什么发现？

生：我发现二者写法上都是按照大中小的顺序排列的。

生：我发现都是把小的那位所做的事情写得详细一些。

师：你看，汉乐府和辛弃疾的《清平乐·村居》相隔那么久远，其实，辛弃疾是化用了汉乐府当中的这几行诗填了下片的这几句词。只不过是把女的换成了男的，做的事情变了而已。所以，从这里我们可以看出古人的化用智慧。这是一种非常重要的智慧。不知你们发现了没有，这里的"亡赖"与这首诗的

"无所事"有什么关系？

生：我发现，"亡赖"和"无所事"意思差不多。

生：我知道了，这里的"亡赖"指的小儿没有事情可做，显得那么调皮可爱。

师："大儿锄豆溪东，中儿正织鸡笼"，他们有事情干吗？

生：有。

师："最喜小儿亡赖，溪头卧剥莲蓬"，小儿有事情干吗？

生：小儿在溪头边玩边剥着莲蓬，一种自由自在、无所事事的样子。

师：所以，这里的"亡赖"值得我们玩味，小儿因为无所事事而在剥莲蓬。透过这个"亡赖"你感受到了什么？

生：我觉得，这里的"亡赖"把小儿的天真可爱、古灵精怪的样子写出来了。

师：所以，这里的"亡赖"有一层无所事事的意思在里面，小儿因为无所事事，孩子顽皮可爱的本真天性透过"亡赖"表现了出来。明白了吗？

生：明白。

师：谁还有什么词语需要提醒大家的？

生："翁媪"就是一对年老的夫妇。

师：年老的夫妇，那年老的男人叫什么？

生：翁。

师：这个字哪个部分提示我们"翁"是年老的男人？

生：上面的"公"，提示我们"翁"是年老的男人。

师：那你可以称为"翁"吗？

生：不可以。

师：你的爷爷可以称为"翁"吗？

生：可以。

师：为什么？

生：因为他老了，年纪大了。

师：是呀，中国的汉字真有趣。那年老的女人称为什么呢？

生：媪。

师：这个字的哪个部分提示我们"媪"是女的？

生：女字旁。

师：是呀，这就是中国的汉字文化呀，博大精深，意味无穷。所以，翁媪就是年老的夫妇。现在懂了吗？

生：懂了。

师：还有"相媚好"，谁来帮大家解答一下？

生："相媚好"就是彼此之间很亲热。

师：是的。大家看，这个"媚"是一个左右结构的字，左边是什么偏旁？

生：女字旁。

师：右边呢？

生：眉。

师：（指一位女生）请你站起来。大家看，她的眉毛长得怎么样？

生：她的眉毛长得很淡。

师：漂不漂亮？

生：（笑）还可以。

师：你要求很高嘛！你们看，"媚"是女字旁，带一个眉毛的"眉"。女孩子的眉毛让人看了以后有什么感觉？

生：让人喜欢。

生：漂亮可爱。

师：所以，这个"媚"是什么意思？

生：因为好看而喜爱。

师：对，"媚"就是喜欢、喜爱的意思。那"相媚好"呢？

生：就是他们彼此之间很喜欢，很亲热。你说我好，我说你好。

师：这样你喜欢我，我喜欢你，彼此之间相互恩爱，这就叫"相媚好"。联系上下词句看看，他们好在哪里？

生：他们的儿子很孝顺。

师：儿子好，大儿在干吗？

生：在田里锄豆。

师："锄豆"是什么意思？

生：把豆田里的杂草锄掉。

师：大儿子真勤劳。二儿子好不好呢？

生：二儿子也很勤劳，他在编织鸡笼，也在为家里做事。

师：小儿子呢？

生：小儿子在溪头剥莲蓬，也有可能剥好了带回来给老人吃。

师：你看，三个儿子多好。还有什么好？

生：环境很好。有一条小溪，周围有很多青草。

师：你看，尽管他们住的是茅草屋，看起来有点清贫，但是环境很好呀，山清水秀。用现在的话说，他们就是住在金山银山之处。还有什么好？

生：和平，没有战乱。

师：和平，日子过得无忧无虑。

生：感情好。

师：老夫妻俩很恩爱，他们用什么话在聊天？

生：用吴音，用家乡话在聊天。

师：他们是在什么情况下聊天的？

生：是在酒后微醉的情况下聊天的。

师：还喝了一点酒，心情可真好。我们一起把这两行词句读一读，体会其中所蕴含的思想感情。（*生读词*）

师：我们一起再把这首词读一读，把它的意思读出来。（*生读词*）

四·想象，品味词的画面

师：这首词也是有画面的，你们自己读读看，一边读一边想象，看看有没有画面在你的脑海里出现。请一位同学来读，大家闭上眼睛用心地听，边听边想象画面。（*生读词*）

师：诵读得很好！请把眼睛睁开。你们刚才看到什么样的画面了？

生：我看到一个小孩子趴在长满青草的小溪旁剥莲蓬，老奶奶和老爷爷正在茅草房前面喝酒聊天，中儿在织着鸡笼，大儿在田地里给豆苗除草。

师：好的，你看到了这么美、这么丰富的画面。还有谁要补充吗？

生：我看到碧绿的荷叶与天相连，荷叶间有许多莲蓬。

生：我看到了一幅无忧无虑的田园生活的画面。

师：概括得真好！这是一幅无忧无虑的村居图。这个图上有什么？把这首词再读一读。

生：有低小的茅草屋，清澈的小溪，岸边有青青的小草。

师：这是环境，还有什么？

生：荷花莲蓬。

生：三个很孝顺的儿子。

生：一对微醉的夫妇，用吴地的口音在聊着家常。

师：是的，这幅画面有颜色，有人物，有声音。颜色，需要我们用眼睛欣赏；声音，需要我们用耳朵去倾听。读词就要这样来调动我们的感官，用心感受。我们一起再来读一读，看看这幅画面在你们的脑海里是不是更加清晰了。

（生读词）

师：同学们，你们发现了吗，这幅画面中还藏着一个秘密呢！茅屋、青草、小溪这些景物，以及一家五口人，是靠什么联系起来的？自己读一读词，用自己的眼睛去发现，用自己的心灵去感悟。

生：我觉得，是靠环境联系起来的。茅檐，青草，小溪……

师：这其中有一样东西把景物和人物连接起来了。不知你们关注到没有。

生：小溪。小溪旁有他们居住的茅草屋，溪上长满了青草，溪头长满了莲花和莲蓬，所以，小儿子才会去溪头剥莲蓬，大儿子在小溪东面的豆田里锄草。

师：同学们看，溪上、溪东、溪头，就是这个潺潺的小溪把这些景、这些人联系在一起了。所以，"溪"在整首词中起到非常重要的作用。想一想，"溪"有什么特点？

生：溪流动得很慢，还能让草长出来。溪给人一种舒缓、宁静的感觉。

师：溪，流得缓慢，给人一种平和、安宁之感。所以，"溪"在这首词中是一个非常重要的意象。其实，这个意象与这首词所描绘的情境是密切相关的，不知你们发现了没有。

生：词很美，溪也美，给人感觉都很舒服，很温馨。

师：是的，这个画面很柔美，很舒服，也很温馨。所以，"溪"的意象与整首词所描绘的画面是完全匹配的。读词和读诗一样，我们要善于发现词中的美，并能知道这种美藏在什么意象之中。我们一起再来读一读，把这种画面的整体感和美感读出来，好吗？（生读词）

师：这样的一幅村居画面，你欣赏后有什么感觉？能不能用一个词语或者短语把你的这种感觉表达出来？请把你脑海中闪现的词语或者短语写在书上。（生写感受）

生：青翠欲滴。

生：和平。

生：说不出的欢乐。

生：过得自由自在。

生：虽清贫但很美好。

生：儿子很孝顺。

生：生活安然自得。

……

师：（指着黑板）这幅画面让我们感慨良多，这是一幅温馨的画面，画面上的人是自由自在的，悠然自得的，安然自若的，他们有说不出的欢乐，他们有说不出的温暖，他们虽然清贫但是很美好。同学们，这样美好的画面，与"清平乐"这个词牌所表达的基调是完全一致的，"清平乐"就是一种祈求天下太平的曲调。你看，这样的情境，这样的画面，用"清平乐"这样的曲调来表现是最恰当的，最天衣无缝的。好，我们再来读一读这首词。（生读词）

五·知人，体悟词的情感

师：我们知道，诗言志，词言情。也就是说，一首词也是表达作者思想情感的。我们还知道，体悟情感要知其人，才能悟其情。那辛弃疾把他的情感都藏在了这首词的哪些文字当中呢？请你们用心找一找，用笔把蕴含辛弃疾情感的文字打上着重号。

生："相媚好"里藏着辛弃疾渴望和平的思想感情。

师：藏在了"好"字里。

生：辛弃疾的感情蕴含在"喜"字里，因为喜欢小儿子的顽皮可爱，希望全天下的孩子能够幸福，不受战争的破坏。

生：我觉得，辛弃疾的感情藏在"锄、织、剥"这三个字里面。如果和平的话每个人都可以为自己家做事，不用管那些动乱了。

师：这是你的独特发现和感悟！是的，天下太平了，每个人都能安心干自己的事儿。这是一种最大的幸福和快乐。

生：我觉得，辛弃疾的感情还藏在"醉"里。

师："谁"醉"？

生：翁媪醉。

生：作者醉。

师：我们一起来看看辛弃疾这个人——（**PPT出示**）

- -

辛弃疾（1140—1207），南宋词人，字幼安，号稼轩，历城（今山东济南）人。出生时，山东已被金兵所占。21岁参加抗金义军。历任湖北、江西、湖南、福建、浙东安抚使等职。任职期间，采取积极措施，招集流亡，训练军队，奖励耕战，打击贪污豪强，注意安定民生。一生坚决主张抗金，恢复中原，抗金建议均未被采纳，并遭到主和派的打击，曾长期被贬闲居在江西上饶一带。

- -

师：请放声读一读。从这段文字中，你们获取了什么信息？

生：我知道了，这首词是辛弃疾被贬在江西上饶的时候作的。

师：是的，就是因为辛弃疾被贬在上饶一带，闲居在那里无所事事。

生：辛弃疾是被迫害的，有种怀才不遇的感觉。

生：一生没有被重用，从小就想报效国家。

师：英雄无用武之地。他主张抗金，恢复中原，可是被贬在江西上饶一带，所以，他有这样的感慨（PPT出示），读。

生：（读）不得不借他人酒杯，去浇自己的胸中块垒。

师：联系前面的资料，你们知道他的"胸中块垒"是什么吗？

生：一心想为国家报仇，收复中原，几次上书却被驳回，又被贬了。辛弃疾很伤心，他是英雄无用武之地。

师：所以，辛弃疾不得不借他人酒杯，去浇自己的胸中块垒。他应该去干什么？

生：他应该去抗金。

师：而他现在在干什么？

生：被贬闲居在上饶一带，报国无门。

师：我们现在再来看看谁"喜"。

生：翁媪一家人"喜"，他们各得其乐，尽管清贫，但很幸福。

师：辛弃疾能"喜"吗？

生：不能。因为他的志向不能实现，心中充满忧愁。

师：是的，辛弃疾胸中的块垒没有消除，能喜吗！谁"好"？

生：翁媪一家好。

师：辛弃疾"好"吗？

生：辛弃疾不好！他胸中有块垒在压着，怎么也好不起来。

师：辛弃疾多么希望家乡的父老乡亲也能像翁媪一家一样过上这样安定、快乐的日子。他的心境和翁媪一样吗？

生：翁媪很开心，但是辛弃疾却很憋屈。

师：这里的"醉"对辛弃疾来说意味着什么呢？

生：翁媪因幸福喝酒而醉，但辛弃疾是因内心痛苦而醉。

师：是的，辛弃疾心中充满忧伤和痛苦。其实，"清平乐"这个词牌的感

情基调并不都是欢快的，有时在欢快中也蕴藏着一种忧伤的情调。我们一起来读一读这首词，再去体会一下情感。（生配乐读词）

师：同学们，酒是辛弃疾作品中非常重要的意象，（PPT 出示）他的很多作品当中都写到了酒，写到了醉，自己放声读一读。

醉里挑灯看剑，梦回吹角连营。——《破阵子·为陈同甫赋壮词以寄之》

醉里且贪欢笑，要愁那得工夫。——《西江月·遣兴》

醉舞且摇鸾凤影，浩歌莫遣鱼龙泣。——《满江红·题冷泉亭》

师：这些"醉"里蕴涵着辛弃疾心中的万千情绪。《清平乐·村居》是一个经典，值得我们一辈子去品读，随着我们年龄的增长，回过头再来读它，也许会有不一样的感受。

名 师 评 析

儿童问学课堂，用文化滋养儿童

观摩特级教师潘文彬先生执教《清平乐·村居》，一股浓厚的文化氛围扑面而来。儿童问学课堂，以文化人，这堂课足以诠释。

一·观词牌特点，育诗词文化

潘老师从清代高鼎的《村居》引入宋代辛弃疾的《清平乐·村居》，让学生在比较中发现词和古诗的区别。了解"清平乐"是词牌名后，再列举一系列词牌名，发现"词有定调，调有定句，句有定字，字有定声"。这些看似生涩的文学知识，在课堂上却因为巧妙引导而让学生自然掌握。潘老师激励学生"把眼睛开足马力"，在一字一句的揣摩中发现了词的独特之处。

接着，潘老师带领学生回顾学习古诗的方法，总结提炼出"明其意，想其画，知其人，悟其情"的基本学法。为了引导学生"明其意"，潘老师适时向学生介绍古人的"化用"智慧。"亡赖"是教学的难点，潘老师没有停留在这里，而是出示了汉乐府《相逢行》中的诗句："大妇织绮罗，中妇织流黄。小妇无所事，挟瑟上高堂。"学生把它和"大儿锄豆溪东，中儿正织鸡笼。最喜小儿亡赖，溪头卧剥莲蓬"放在一起，很快就有了发现："我发现最小的人都没什么事情可做，比较调皮可爱。""我发现二者写法上都是按照大中小的顺序排列的。""我发现都是把小的那位所做的事情写得详细一些。"……潘老师在学生说出一系列发现后点出，辛弃疾是将汉乐府中的这几行诗化解开来，根据填词的需要，再重新组合，灵活运用，形成了这首词的下片。歌德说："内容人人得见，涵义只给有心人得知，形式对于大多数人而言是一个秘密。"对于"化用"的手法，很多老师在这首词的教学中并没有关注到，潘老师发现了这一秘密，并把中国古典文学中的这一种常用修辞巧妙地传达给学生，这是精心遴选的种子知识。

潘老师对词这一文学体裁特征的关注，还表现在朗读方法的指导上。学生起初读得四平八稳，潘老师说："上片最后一字都是仄声韵，要读得短一些，饱满一些；下片有三个平声韵，要读得稍微长一些。"有了这样的点拨，学生读"茅檐低小，溪上青青草。醉里吴音相媚好，白发谁家翁媪"，每一句的最后一字都读得相对短促；读"大儿锄豆溪东，中儿正织鸡笼"，尾音相对延长；读"最喜小儿亡赖，溪头卧剥莲蓬"，学生都学会了平长仄短的读法。对平仄的关注，让学生把整首词读得抑扬顿挫、情趣盎然。

二 · 扣语言文字，育汉字文化

在潘老师的课堂上，看似简单的汉字教学，也包含着博大精深的汉字文化。"翁媪"是词中的一对主角，如何让学生理解这个古汉语词汇？潘老师与学生的对话可谓恰到好处。借助汉字部件以及与生活实际的关联，引导学生轻松掌握了"翁"和"媪"的内涵。对"相媚好"的"媚"字，潘老师从女字旁入手，发现女生的眉毛很好看，进而理解"相媚好"就是他们彼此之间你喜欢我，我喜欢你，相互恩爱。

诗词属于古汉语文学，有些字词的表达与现在不同，再加上诗词押韵、平仄等需要，在表达顺序上也会有所变化。比如这首词中的"锄豆"不是把豆子除掉，而是把豆田里的杂草锄掉。课堂上学生理解得很准确，潘老师也就没有再去深讲了。对于汉字文化的渗透，潘老师是根据学情适时调整的。这，正是问学课堂的特质之一———一切从儿童出发。

三 · 抓词眼词境，育意象文化

古诗词中，"意象"是主观的"意"和客观的"象"的结合，也就是融入诗人词人思想感情的"物象"，是赋有某种特殊含义和文学意味的具体形象。潘老师教学《清平乐·村居》，对词中寄托作者主观情思的物象拿捏得十分精准。

学生品读时很快就能描述出这首词的画面——茅屋、青草、小溪以及一家五口人。此时，潘老师话锋一转："茅屋、青草、小溪这些景物，以及一家五口人，是靠什么联系起来的？"学生发现了"溪"这个独特的意象——小溪旁有茅草屋，溪上长满了青草，溪头长满了莲花和莲蓬，小儿子在溪头剥莲蓬，大儿子在小溪东面的豆田里锄草……潘老师进一步引导：这个"溪"在整首词中起到非常重要的作用。想一想，"溪"有什么特点？学生在老师的引导下明白：溪，流速缓慢，给人以平和、安宁、舒适之感。接着，学生发现，"溪"的意象与整首词所描绘的情景完全匹配，这样的村居画面无忧无虑、悠然自得、温馨美好……"溪"的意象正是"清平乐"这个词牌所表达的祈求天下太平的基调。

体悟词的情感时，潘老师引导学生把目光聚焦到了"醉"字上。补充辛弃疾的身世，联系作者被贬在江西上饶时的写作背景，内心充满英雄无用武之地的惆怅，"不得不借他人酒杯，去浇自己的胸中块垒"。学生通过老师补充的资料，读懂了辛弃疾报国无门时看到翁媪一家之"喜"，自己则内心充满忧愁。词作实则是希望家乡的父老乡亲也能像翁媪一家那样能过上安定、快乐的日子。这里的"醉"对于辛弃疾来说意味着忧伤和痛苦。这首"清平乐"在欢快中蕴藏着一种忧伤的情调。有了这样的认知，学生诵读才真正读到词人的心里去。紧接着，潘老师告诉学生，"酒"是辛弃疾作品中非常重要的意象，他的很多作品当中都写到了"酒"，写到了"醉"，"醉"里蕴涵着辛弃疾心中的万千情绪。潘老师由一首词中的意象引出了作者的多篇作品的同类意象，促进了学生对系统性知识的建构。整堂教学，文化味浓，引导得法，问学相生，充分达到了以文化人的效果。

（胡红　江苏省特级教师、正高级教师）

儿童问学课堂，
营造"问""学"相生的教学生态

儿童问学课堂，让儿童的语文学习回归到儿童本体，尊崇儿童的天性，让学习以儿童的方式展开；回归到学习的本真上来，遵循学习的规律，开启儿童的思维，让学习在每一位儿童身上真实发生；回归到语文的本质上来，关注语言文字，让儿童的学习用语文的方式打开。有老师说："真正的学习就是带着很多很多问题，到很多很多地方寻找答案。"儿童问学课堂的实施关键也在于"问"，儿童只有敢"问"了，会"问"了，个人的思考开始了，真实而有意义的"学"才有可能发生。儿童问学课堂中，儿童的"学"必须以"真正的语文"作为课堂的主题，以"真实的生活"作为课堂的情境，以"真正的问题"作为课堂的焦点，让儿童聚焦语言文字，围绕学习语言文字运用这一目标提出问题，潜心会文，探究问题，解决问题，使学生过上一种真实而有意义的学习生活。

一·"问"即为"学"，守护儿童"问"的天性

儿童总是喜欢问这问那，他们头脑里似乎有问不完的问题。问，其实是儿童接触陌生事物的第一反应，也是他们探究未知世界的基本方法。问，对于儿童来说，本身就是一种极为重要的学习内容和学习方式。儿童问学课堂将此作为立意的基点，呵护儿童"问"的天性，解放儿童的思想，鼓励儿童大胆地"问"，无拘无束地"问"，让"问"成为儿童打开知识殿堂的钥匙。为培育儿童"问"的习惯，我们进行了以下探索和实践。

（一）开发"问学单"，引导儿童"问"

"问学单"是儿童问学课堂开发的儿童学习语文的基础工具，也是教师了解、把握学情的重要载体。其基本意旨是以"问"启迪儿童的思维，以"问"开启儿童的"学"，以"问"激发儿童的学习动机，还儿童学习的自主权，充分相信儿童，营造一种宽松、开放和多元的支持儿童学习语文的氛围，让儿童的学习过程成为一种自我学习、主动建构的过程，从而实现儿童的自我价值和自主发展。

从形式上来看，"问学单"一课一张，每张"问学单"由"问自己""问课文""问伙伴"三大板块组成。从内容上来看，"问学单"就是让儿童学会在自主学习过程中能够凭借心力"扪心自问"。"问自己"板块引导儿童关注的是课文的知识点和学习的兴趣点，让儿童在认读生字、朗读课文和整体把握课文内容上省思发力。"问课文"板块启发儿童聚焦课文的重点、难点的内容，让儿童在理清课文顺序、理解课文意蕴和领悟课文基本表达方法上审思发问。"问伙伴"板块旨在打开儿童的思绪，让儿童依据课文审慎思考，提出一些富有思维含量的探究性问题，与伙伴分享、探究。此板块没有任何提示，完全开放。

"问学单"是引导儿童进行自主、合作、探究学习的方案，其使用贯穿课堂的始终。课前用，以"问"激"学"，开启学习；课中用，以"问"助"学"，深化学习；课后用，以"问"优"学"，延展学习。

（二）开辟"奇思妙问"园地，倡导儿童"问"

"奇思妙问"是儿童问学课堂由课内学习之"问"向课外学习之"问"的延伸，是儿童在关注生活、观察自然、阅读书籍时所引发的思考，提出的问题。为了使其落到实处，我们在每个班都定制了一块"奇思妙问"板，固定在班级里，让儿童把自己提出的问题张贴在上面，与全班同学分享，启迪同学们去思考、去探究。一日，一个五年级的男生提出了这样一个问题：马路的窨井盖为什么是圆的？这个问题一张贴出来，就引起几位男生的兴趣。于是，他们几人就组成了一个研究小组。经过将近一个星期的探索研究，他们得出了一些结论，并撰写了一篇研究报告。语文老师把这篇研究报告推荐给了报社。不久，这篇研究报告就在报纸上发表了。几位同学看到自己的研究成果变成了散发出油墨芳香的铅字，个个喜不自禁。这种幸福的体验，必然会使他们内心升腾起更加浓厚的发现问题、探究问题的兴趣。而这，就是我们所期待的儿童学习的状态！

"奇思妙问"园地的开辟，激发了儿童到生活中、到自然中、到书籍中学习语文的兴趣，拓展了儿童学习语文的时空，让儿童学习到了课堂上难以获得的更为鲜活而灵动的语文。

（三）举行"好问小达人"评选，激励儿童"问"

儿童之"问"，需要有持续而稳定的动力源泉。渴望赏识和肯定是儿童的天性。评选"好问小达人"，是儿童问学课堂中所采用的意在激发儿童"问"的兴趣、维系儿童"问"的动力的一种评价方式。该评选就是把"问学单"、"奇思妙问"园地和课堂学习中儿童所提出的那些问题，通过儿童自评、同学互评和教师评价等方式，给那些思维活跃、表现优秀的或者进步明显的儿童，授予"好问小达人"的称号，让他们拥有一种获得感和成功感。"好问小达人"的评选，教师可以根据具体情况自由决定，可以一课一评，可以一周一评，也可以一月一评，甚至可以一个内容（或主题）一评。评选中，尽可能让每一位儿童通过这样的评比都能看得到自己的变化和进步，以激励儿童更加敏于思考，更为主动地从课本中、自然中及生活中捕捉问题，提出问题。

二·"问"驱动"学"，优化儿童"问"的品质

"学"起于"问"，有效的语文学习能够真正发生，需要有一定思维含量的问题来驱动。其实，提出有思维含量的"问"，是一种极费心力的劳作。清代文人唐彪在《读书作文谱》中说："凡理不疑必不生悟，惟疑而后悟也。小疑则小悟，大疑则大悟，故学者非悟之难，而疑之难。"可见，让儿童产生疑惑、提出问题是一件颇费心思的事情，是需要教师加以启发和引导的。在儿童问学

课堂中，我们尤为关注给儿童创设质疑问难的情境，并注意适时适度地加以引导，以开启儿童的心智，让儿童学会提出有一定探究价值的问题。

（一）给机会，让儿童无拘无束地"问"

陶行知先生说："创造始于问题，有了问题才会思考，有了思考才会有解决问题的方法。"要想让儿童的脑海里产生精彩的问题，就得要创设一个宽松、和谐的学习环境，让儿童对学习的内容产生兴趣，拥有发现问题、提出问题、探究问题的学习需求。意大利幼儿教育家蒙台梭利指出："这种环境必须由一个了解儿童内在需要的成人来准备。"儿童对这个世界是充满好奇的，教师要善于抓住这个特点，给予儿童充分的自由，欣赏儿童一双双善于发现的眼睛，让他们把自己在学习语文、认识生活、接触世界中所遇到的那些感兴趣的问题无拘无束地"问"出来，与伙伴进行交流、探讨，获得成长的力量。

1. 尊重"问"的权利

尊重儿童，遵循儿童学习的规律，给儿童"问"的权利和机会。有的教师认为，儿童提出的问题幼稚，并不是课堂想要重点解决的问题，于是就漠视了儿童的"问"。这样做，一是会忽视儿童真实的学习需求；二是会扼杀儿童"问"的兴趣。教师应最大限度地尊重儿童"问"的权利，使"问"成为儿童学习的一种习惯和能力。

2. 理解"问"的意图

在学习过程中，儿童的发问，也许会针对文中的某一个词语，也许会针对文中某个无关紧要的人物，这样的问题在教师眼里，也许是"没有价值"的问题。殊不知，理解了儿童"问"的意图，往往会有意外的收获。因此，要认真对待儿童的各种问题，给儿童之"问"以适切的回应，最大限度地理解、整合儿童的"问"。

3. 利用"问"的资源

珍视儿童的"问"，还要善于利用儿童的"问"，把儿童的"问"转化生成为教学的话题或任务。从教学角度来说，那些所谓有价值的问题往往是指向学科本质且具有思维含量的问题。在儿童"问"的过程中，要引导儿童对自己的"问"进行审思、辨别，提高"问"的思维含量，通过自己的"问"来开启学习的旅程。

（二）抓关键，让儿童学会有目的地"问"

在语文学习中，儿童应该如何提问才能促使自己充分亲历学语习文的实践，更好地潜心会文，把握语言文字的特点与运用规律呢？这就需要儿童能够知晓"问"的"发生地"，"问"在关键处。

1."问"在生难处

让儿童根据自己的认知水准和学习兴趣，对文本中最富特色的或者最具"陌生化"的或者最有难度的知识和内容，进行审思诘问，提出问题。

2."问"在核心处

让儿童把握文本的特点和精髓，聚焦文本的核心内容或者重点内容，进行质疑问难，提出问题。

3."问"在留白处

让儿童着眼于文本中未直接出现，却又是在学习内容中暗含着的空白进行质疑问难，提出问题，以求认识、理解、感受和思维的发展与提升。

4."问"在联系处

让儿童在已有的知识和经验基础上，去认识、理解新的内容，生成新的知识与经验，并对两者之间的联系进行思考，质疑问难，提出问题。

5."问"在异同处

让儿童通过对不同维度上的两处或多处知识点的异同进行比较，并提出问题，深入探究，从而认识、理解这些知识点的内涵和特征。

6. "问"在特质处

让儿童从语文学科的独特性出发，关注语言文字的运用，以学习语言文字运用为中心，质疑问难，提出问题，从而把握语言文字的特点和运用规律，习得语言文字的运用智慧。

7. "问"在拓展处

让儿童立足文本，从自己的兴趣点出发，对文本进行适度的拓展和延伸，提出一些富有发散性和延展性的问题，从而把儿童的学习从课内引向课外，从文本引向书本，从课堂引向生活。

（三）明方法，让儿童学会有技巧地"问"

儿童问学课堂，儿童通过"问"教材、"问"自己、"问"同学、"问"老师等方式，不断进行自我反思，让儿童在慎思诘问的过程中，习得方法，生成经验，获得智慧。

提问其实是可以教、可以学的。要让儿童学会问、善于问，还得让他们学会一些"问"的方法和技巧。首先，要激活儿童，激发儿童"问"的兴趣，让儿童始终保持一颗好奇的心，始终保持一种开放的视野，始终保持一种积极探究的态度。这样，儿童就会乐于发现问题并提出问题。其次，要引导儿童，培育儿童"问"的习惯，让儿童养成提问前仔细观察、认真倾听、深入思考、透彻分析的习惯，要做到书不读熟不提问、不经过深入思考不提问，以为"问"作好充分的准备；提问时，要能以质疑的态度来看待和思考自己的困惑，清楚明白地表述自己的问题；提问后，要能明确问题的类型并能循着问题潜心会文，寻求解决问题的有效方法和最佳路径。如此，儿童就会易于提出问题，乐于解决问题。

事实上，不同的学习内容有不同的学习方法，而不同的儿童也有不同的学习方式。因此，面对不同的学习内容和不同学习方式的儿童，就要寻找最为适合的"问"的方法，让每一个儿童都拥有属于自己的"问"的方法和技巧。儿童问学课堂，儿童既是提问者，又是回答者。因此，让儿童拥有属于自己的

"问"的方法和技巧，就能够让儿童在提问的过程中充分发展自己的认识，不断完善自己的观点，同时，也有利于他人从提问中迅速明白问题的意思，把握问题的实质，作出有针对性的回答，从而在交流互动的过程中提高问题解决的效率，提升儿童学习语文的思维品质。

三 · "问""学"相生，实现有意义的学习

以"问"为特征，以"学"为核心的儿童问学课堂，"问"和"学"是一对相伴相生的有机整体，"问"即为"学"，"学"生成"问"，"问"又驱动着"学"，"问"和"学"就是这样相互作用，和谐共生，充实儿童的语文学习生活。

（一）"问""学"相生，有情感温度的学习

儿童其实是最具感性的人，他们的学习需要情感的助推。当语文学习的内容和方式能引发儿童的兴趣，贴近儿童的实际，符合儿童的需求，他们就会乐此不疲地投入到学习中来，好之，乐之。儿童问学课堂是自由开放的课堂，是尊重儿童"问""学"权利的课堂，是儿童拥有最大限度的"问""学"自由的课堂，因而，儿童置身于这样的课堂情境当中，就能身心愉悦地展开语文的学习，把自己的心沉潜于文本的世界之中，浸润于语言文字之中，自由思想，释放潜能，在"问"中尽情地"学"，在"学"中大胆地"问"，以"问"导"学"，以"学"生"问"，以"问"促"学"，以"问"优"学"，以"问"乐"学"。这样，儿童的语文学习就在"问""学"相生的过程中变得情趣盎然，其乐融融。这样的语文学习是一种具有情感温度的快乐学习。当然，这种情感温度也要把握好度，适宜的情感温度有利于儿童维持学习的动力。37℃是人体正常温度，而当人处于一种舒适、安全、信任的环境当中，身体会分泌出苯乙胺醇，刺激脑和中枢神经，使人心情愉快，幸福感和创造力得以提升，体温也会随之上升0.2℃，即为37.2℃。所以，37.2℃是儿童问学课堂所要保持的情感温度。

（二）"问""学"相生，有思维深度的学习

"问""学"相生是充满思维挑战力的学习。儿童提出一个有探究价值的问题需要展开深度的思维，解决一个问题也要展开积极的思考。所以，儿童问学课堂的"问"和"学"始终是一种思维的运动。若没有思维的参与，"问"和"学"就难以发生。有了思维的参与，"问"和"学"就会自然而然地发生。思维深度越大，"问"和"学"的发生就会越深刻。儿童问学课堂，是一种富有思辨色彩和思维张力的深度学习。当然，这种思维深度要拿捏好度，适当的思维深度有利于儿童开展有意义的学习，这个度就是贴近儿童的最近发展区，让儿童"跳一跳，摘到果子"。思维深度太深，离儿童的最近发展区过远，儿童就会因压迫感太大而畏惧学习；相反，思维没有深度，低于儿童的最近发展区，儿童就会轻慢学习。

（三）"问""学"相生，有生长力度的学习

课堂上应该能够听到儿童生命成长的拔节声。"问""学"相生，就是指向儿童的生命成长，为砥砺和提升儿童的关键能力和必备品格提供可能和创造条件，让儿童的语文学习力能够在"问"和"学"的实践中变得强劲起来，思想情感能够在"问"和"学"的互动中变得丰盈起来，语言文字运用智慧能够在"问"和"学"的探索中变得灵动起来。当然，这种生长力度也要把握好分寸，切忌揠苗助长。要因人而异，因人施策，让每一位儿童的生长都能处于一种优雅自然的舒展状态。

"问""学"相生，是一种可以看得见的学习，看得见儿童在课堂上进行真实的思考、真实的发问、真实的读书、真实的表达，而这些又是很自然地伴随着"问"和"学"而发生的。因此，"问""学"相生，是一种充满生命活力和生长力量的有意义的深度学习。

《什么比猎豹的速度更快》(统编版五年级上册)教学实录

一·聚焦要素，前后关联

师：同学们，你们平时是怎么读书的？举手的越来越多，思考一下再回答，这是非常好的学习习惯。

生：我们都是用心读，读好书。

师：他讲了两点，一是用心读，二是读好书。用心读好书，我们就会从书中得到很多的东西。我们看——（PPT出示）宋代朱熹是怎么教我们读书的。一起读。（生读）

　　读书有三到，谓心到，眼到，口到。三到之中，心到最急。心既到矣，眼口岂不到乎？

师：知道朱熹说的意思吗？

生：读书要用心，眼睛要看，嘴巴也要读出声来。

师：是的，读书有三到，心要到，眼要到，口要到。而最重要的，就是——

生：用心去读。

师：心到最急！看看本单元的学习目标是什么。（指一生）你来读一下。

生：（读）阅读要有一定的速度。

师： 学习了《搭石》这篇课文，我们该怎么来提高阅读的速度？

生： 要集中注意力，遇到不懂的词语不要停下来，不要回读。

师： 学习了《将相和》这课，我们还知道怎样来提高阅读的速度？

生： 尽量连词成句地读，不要一个字一个字地读。

师： 你看，我们集中注意力读，连词成句地读，就能提高阅读速度。现在，我们来做个小游戏：给你几秒钟的时间来读这段文字，看看你能从中捕捉到什么信息？（PPT 出示）

　　人在奋力奔跑的时候，最大速度能够达到 24 千米每小时。这个速度跟鸵鸟比起来差远了——鸵鸟奔跑的最大速度约 72 千米每小时。在两条腿的动物里面，鸵鸟应该算是奔跑的世界冠军。

师： 用较快的速度默读。（生默读）

师： 10 秒钟时间到，你们捕捉到了哪些信息？（生说）

师： 这段文字的基本信息都被你们捕捉到了，真厉害！其实，刚才的这段文字就是出自——

生：《什么比猎豹的速度更快》。

师： 请同学们看老师来写课题。（板书课题）

二 · 捕捉信息，分享收获

师： 你们发现这个课题有什么特别之处吗？

生： 这个课题是一个问句。

师： 对，这个课题就是一个问题。那么，什么比猎豹的速度更快呢？请同学们用较快的速度默读课文，边读边思考这个问题，有两个要求，第一个要求是——（PPT 出示）

生：（读）边读边想，圈画出相关事物和它们的速度。

师：第二个要求是——（PPT 出示）

生：（读）默读完，记下自己的阅读时间，并举手示意。

师：请同学们打开书用较快的速度阅读。计时开始。（生默读）

师：180 秒停了下来，如果你用 180 秒的时间还没有读完，表明你阅读的速度还不够快。因为这篇文章共有 700 多字，两分多钟读完是比较适当的速度。你花了多长时间读完的？

生：108 秒。

师：108 秒，两分钟不到，很好。

生：我用了 110 秒。

师：比他慢两秒，不错。

生：我用了 178 秒读完的。

师：读书所用的时间有长有短，这是很正常的事。关键是，我们在用较快的速度阅读的时候，有没有关注"什么比猎豹的速度更快"这个问题。你们圈画了哪些事物？

生：第 5 自然段，圈画了飞机的飞行速度是声音的数倍，声音传播的速度大约是 1050 千米每小时。

生：第 4 自然段，我圈画了"游隼""超过 320 千米每小时"。

师：也就是游隼的速度比猎豹快。

生：我圈的是第 6 自然段，火箭的速度比猎豹的速度更快。火箭的最大速度能达到 4 万千米每小时，是声速的 30 多倍。

师：也就是说，声音的速度和火箭的速度都要比猎豹的速度快。

生：我圈的是第 7 自然段。那是流星体！流星体是太空中一种较小的天体。有的流星体运动的最大速度能达到 25 万千米每小时，是火箭运动速度的 6 倍多。

师：流星体的速度比猎豹的速度更快。

生：光的速度是惊人的，大约是 30 千米每秒，比流星体的速度要快几千倍！

师：好，大家看，"游隼、飞机、火箭、流星体、光"这些事物，你圈了没有？这些事物的速度都比猎豹的速度要——

生：快。

师：下面请同学们按照由快到慢的速度，来给这些事物排一排序。（生完成练习）

师：那我请一个同学来排序。（指一生）你说。

生：1，6，3，7，9，2，8，4。

师：第一个是光，第二个是什么？

生：第二个是流星体。

师：我们在说的时候能不能把课文中的相关语句读给大家听一听？因为那是你排序的依据。

生：（读）流星体是太空中一种较小的天体。有的流星体运动的最大速度能达到 25 万千米每小时，是火箭运动速度的 6 倍多。

师：所以，"流星体"排在"光"的后面。第三个呢？

生：（读）火箭的最大速度能达到 4 万千米每小时，是声速的 30 多倍。

师：这里用火箭跟谁比？

生：跟喷气式飞机。

师：所以，"火箭"排在第三，第四是谁呢？

生：第四是喷气式飞机。第 5 自然段说："在喷气式飞机飞行的高度，声音传播的速度大约是 1050 千米每小时，而一些高速喷气式飞机的飞行速度是声速的数倍。"

师：所以，"喷气式飞机"排在第四位。第五位是——

生：大家请看第 4 自然段："游隼向下俯冲时的速度更快，超过 320 千米每小时。这个速度是汽车在高速公路上飞速行驶时速度的两到三倍。"

师：下面一个是谁？

生：猎豹。"猎豹奔跑的最大速度可达 110 千米每小时。猎豹才是陆地上跑得最快的动物。"

师：下面是鸵鸟，你来读。

生：（读）鸵鸟奔跑的最大速度约 72 千米每小时。在两条腿的动物里面，鸵鸟应该算是奔跑的世界冠军。

师：最后才是我们人类。你来读。

生：（读）人在奋力奔跑的时候，最大速度能够达到 24 千米每小时。这个速度跟鸵鸟比起来差远了。

师：你看，按照由快到慢的顺序这样来排。这篇课文就给我们介绍了连人在内的这 9 种事物。其中，比猎豹快的有 6 种事物，还有两种比猎豹慢。这样我们一看就知道，什么比猎豹的速度更快。

师：现在请大家回过头来思考一下，刚才你是怎么默读的？把你默读的技巧给大家分享一下。

生：我是集中注意力用心地读，抓住了一些关键词。

师：用心地读，抓关键词。这是你的默读技巧，把它写到黑板上去。（生上黑板写）

生1：我是一边读一边理解，一边读一边感悟。

师：你能给大家解读一下吗？

生1：边读边理解自己不会的词语，或者查工具书把它弄懂。

师：现在没有工具书怎么办？

生1：可以请教同学。

师：刚才你问了谁？

生1：我问了同桌。

师：他刚才问了什么？

生：他问我猎豹速度快的原因是什么。

师：你有没有给他回答？

生：没有。

师：他只是问了你，尽管你没有回答他，但是他的这种学习方式值得肯定。好，请把你（指生1）的宝贵经验写到黑板上，与大家分享。（生上黑板写）还有吗？

生：我是边读边用心地体会课文的语言文字。

师：在默读这篇课文的过程中，你们有没有什么发现？

生：我发现每个自然段都是说一个事物的速度比另一个事物的速度快。

师：这是不是这篇课文的特点呢？我们先从第2自然段开始来看看，这个自然段讲谁比谁快？

生：鸵鸟比人快。

师：第3自然段讲谁比谁快？

生：猎豹比鸵鸟快。

师：第4自然段呢？

生：游隼跟任何动物对比，它的速度都最快。

师：好的，游隼是动物界当中速度最快的。你看，当我们发现了这个规律之后，往下读的时候，就会越读越快了。你把"发现规律"写到黑板上去，因为这是你发现的。（生上黑板写）

三·聚焦语言，发现规律

师：下面要请大家来进行第二次默读。这是一篇说明性的文章，所以这次用较快的速度阅读的时候，请同学们思考这样的问题——（PPT 出示）

生：（读）这篇课文是怎么来写谁比谁的速度快的？

师：让我们带着这个问题用较快的速度阅读吧。准备好我就开始计时了。（生默读）

师：你是最后一个停笔的，用了3分多钟。我想问问你，你第一次阅读课文用了多长时间？

生：第一次我用了2分9秒读完的。我这一次读的时候有点慢，我边读边思考，所以读的时间就长了一些。

师：你花了多长时间？

生：我花了90秒。

师：第一次读课文时花了多长时间？

生：111秒。

师： 你怎么第二次比第一次少花时间了呢？

生： 因为第一次默读时大概了解了课文的内容，所以第二次默读的速度自然就快了。

师： 同学们看，阅读的速度有快有慢，这很正常。那么，通过这一次默读你发现文中是怎么来写谁比谁的速度快呢？我们先把目光聚焦到第2自然段来看看，这一自然段讲谁比谁快？

生： 这个自然段讲鸵鸟比人的速度快。

师： 那么，是怎么写的呢？你勾画了些什么？

生：（读）人在奋力奔跑的时候，最大速度能够达到24千米每小时。这个速度跟鸵鸟比起来差远了。

师： 你读了这两句话，想提醒同学们关注什么？

生： 人奔跑的速度跟鸵鸟比起来差远了。

师： 是的，这个速度跟鸵鸟比起来——

生： 差远了。这是用作比较的方法来说明的。

师： 这一自然段除了用作比较这个说明方法外，你还有什么发现？

生： 我发现人奋力奔跑的速度是24千米每小时，而鸵鸟奋力奔跑的速度约72千米每小时。

师： 你关注了这两个数据，这是什么说明方法？

生： 列数字。

师： 哦，第2自然段用了作比较和列数字这两种说明方法来写鸵鸟比人的速度快。请同学们一起来读读这一自然段，体会体会。（生朗读）

师： 我们再来看看第3自然段是怎么来写谁比谁快的。

生： 猎豹奔跑的最大速度可达110千米每小时。这也是列数字。

师： 还有吗？

生： 还有作比较。

师： 怎么比较？

生： 比鸵鸟跑得更快的动物就要数猎豹了。

师： 如此来看，第3自然段跟第2自然段都是用列数字和作比较的说明方法来写的，课文通过列数字、作比较，让我们对这些事物的速度有了更清楚的了解。这篇课文的作者是谁？

生：罗伯特·威尔斯。

师：中间的字母不要漏了。

生：罗伯特·E·威尔斯。

师：读外国人的名字要稍微快一点。再来读一遍。

生：罗伯特·E·威尔斯。

师：（PPT出示）这是罗伯特·E·威尔斯的介绍，谁来给大家读一遍？（生读）

　　美国作家罗伯特·E·威尔斯特别擅长将抽象、难懂的科学知识用生动、形象的语言写出来，充满趣味的介绍引人入胜，激发起人们对科学知识的浓厚兴趣。

师：你看，这篇课文介绍了这么多的事物，都是比较单调枯燥的事物，但是罗伯特·E·威尔斯却用了列数字、作比较的说明方法，我们读了之后有什么感觉？

生：让我们对大千世界有了一些了解，罗伯特·E·威尔斯用严谨的语言具体写出了动物们的奔跑速度。

师：那文中有没有用生动形象的语言来给我们介绍一些抽象、难懂的科学现象？

生：大家请看第1自然段："也许你跑得很快。不过要是你跟猎豹或鸵鸟赛跑的话，就一点儿赢的希望也没有了。"

师：说说看。

生：作者一开始就用人来同猎豹、鸵鸟比。

师：这么一比，给你什么感觉？

生：我觉得很有趣。

师：有趣在哪里？

生：也许我们跑得很快，但是同猎豹、鸵鸟赛跑，就差远了，必败无疑。

师：还有谁来给大家分享你认为写得生动、形象的地方？

生：第8自然段："如果按照光速运动，我们一秒钟就可以沿着地球赤道转7圈多，真是令人难以置信！"写出了光的速度快得惊人。

师：一秒钟就能绕地球——

生：7圈多！

师：通过列数字、作比较，让我们对光的速度之快有了一个形象的认识。

生：第7自然段："看！前面呼啸而过的东西是什么？跟它的速度一比，火箭就好像是静止的一样。那是流星体！"这里写出了火箭在流星体面前就像静止的一样。

师：真是不比不知道，一比忘不掉！这位同学的感觉跟我一样，我也觉得这段文字真的写得太妙了。（师范读）

师：读了这段话，你们发现它在写法上有什么特别的地方吗？

生：作者自己提出一个问题，自己回答了。

师：自问自答，这就叫设问。这么一问，就给人思考空间了。一起再来读一读，体会体会。（生朗读）

生：我觉得就是这个问句让人很想往下读，迫切地想知道那个呼啸而过的东西是什么。

师：对啊，这么一问一答能引发人们的阅读兴趣。同学们，刚才默读的时候，你用了什么与之前不一样的小妙招吗？

生：默读的时候抓一些关键的部分，仔细读，有感受就把它给记录下来。

生：我们可以在每个自然段中找中心句。

生：遇到一些有趣的话语或者自然段，可以小组讨论一下。

师：刚才你和谁讨论了？讨论了什么？

生：我与同桌讨论了为什么猎豹的速度那么快。

师：其实，他给老师提了意见，为什么老师不安排同学们讨论讨论呢？尽管没有安排，你们也讨论了。

生：默读的时候能快速找到问题的答案。

师：我们刚才再一次交流了自己默读的小技巧。其实，我们学习课文，就是要这样一遍一遍地读，不断反思自己的学习历程，形成属于自己的阅读智慧。

四·质疑问难，延伸阅读

师："学贵有疑，小疑则小进，大疑则大进。"再次默读课文，边读边想，提出自己感兴趣或不懂的问题。可以在课文的相关地方打上问号，表明那个地方有问题。（生默读提问）

师：这次老师给你们一点时间来讨论一下，同桌先交流一下各自提出的问题，看看同桌能不能帮你解决。（生讨论）

师：通过同桌的讨论，依然是问题的，请提出来，与大家一道来交流。

生：为什么火箭关掉发动机仍可以前进呢？

师：这是一个科学的问题。有没有同学帮他？

生：在太空没有引力了，可以直接飘起来。

师：这可能是一个原因。这个问题我们通过默读这篇课文能不能解决？

生：我觉得，这个问题用这篇课文中的知识解决不了。

师：那到底是什么原因呢？可能要我们通过查阅资料来解决。我希望有兴趣的同学们课后可以再去探究一下。还有什么问题？

生：第1自然段，为什么人类没有赢的希望？

师：这个问题课文有没有回答？哪里作了回答？请告诉她。

生：在第2自然段：人奋力奔跑的最大速度有24千米每小时，而鸵鸟奔跑的最大速度约72千米每小时。

师：实际上你提的这个问题，后面已经作了解答。但你把它提出来，还是值得肯定的。

生：有没有比光更快的事物？

师：是呀，有没有比光更快的物体呢？这也是一个问题。这个问题你读这篇课文能解决吗？

生：不能。

师：跟前面的问题一样，阅读这篇文章不能解决。所以，依然希望你到课外去解决。非常好，同学们已经把目光由这篇课文引申到课外去了。看来，同学们在阅读的过程中提出了许多自己感兴趣的或者不懂的问题。有了问题怎么办？就让我们带着自己的问题再次去默读课文，看看你提的问题在课文当中能不能找到答案。（生默读）

师：这次同学们读得快多了，看来默读的速度确实越来越快。好，你先说你的问题是什么，然后说通过阅读课文有没有找到答案。

生：我的问题是，为什么乘坐喷气式飞机没法去太空，而火箭就可以去？

师：对啊，因为到太空，到——

生：到月球，到别的星球，必须摆脱地球的引力。

师：所以要更快的物体才行。你自己提的问题，自己通过再次阅读找到了答案。这是在课文中能够解决的问题。

生：我的问题是，第3自然段最后一句说"猎豹才是陆地上跑得最快的动物"，陆地上有没有比猎豹跑得更快的动物呢？

师：文中有没有答案？

生：没有。

师：你要问的是有没有比猎豹跑得快的动物，也就是你对课文的结论有所怀疑。到底有没有，你可以去探究。这是对课文的质疑，为他的这种精神来一次掌声。

……

师：同学们，读书的过程也是一个引发我们思考的过程，是一个发现问题、解决问题的过程。这就是阅读带给我们的乐趣。怎么用较快的速度来默读课文，同学们总结出了一些小技巧，这篇课文的题目下面也有一段话，我们一起来读一遍，好吗？

生：（读）借助关键词句，用较快的速度默读课文，记下所用的时间。

师：这里提示我们借助关键词句，就会提高默读的速度。

师：同学们，《什么比猎豹的速度更快》在罗伯特·E·威尔斯的笔下是如此的生动，充满着趣味。其实，罗伯特·E·威尔斯还写了很多科普方面的书籍，同学们有兴趣的时候可以去阅读。（PPT出示）他写了很多书，你最感兴趣的是哪一本？读一读书的名字。

生：《恐龙喝的水和今天的一样吗？》。

生：《怎样知道现在几点了？》。

生：《为什么北极熊的世界在融化？》。

……

师：你们发现罗伯特·E·威尔斯写的书的名字有什么特别之处？

生：书的名字是一个问题。

师：是的，就像我们今天学的《什么比猎豹的速度更快》一样，直接提出了一个问题。这就是罗伯特·E·威尔斯的书籍的独特之处，他通过一个个问题来引发我们的好奇心和求知欲。希望同学们能够喜欢上罗伯特·E·威尔斯写的书籍，到他的书籍里去探寻科学的奥秘。

- - - - - - -
名 师 评 析
- - - - - - -

"问""学"相生，为深度学习赋能

儿童问学课堂，以"问"为特征，以"学"为核心，是深度阅读的课堂，是儿童真实学习的课堂，是教学生态优化的课堂。

一·儿童问学课堂，"问"得有价值

陶行知先生说："发明千千万，起点是一问。"爱因斯坦也说："提出一个

问题往往比解决一个问题更重要。"特级教师潘文彬先生这堂课，无论是老师的提问还是儿童的质疑问难，都问得准，问得巧。

（一）"问"在特别处

读课题，问儿童课题有什么特别之处。儿童一经提示，发现这个题目就是一个问题，潘老师顺势把这个问题抛给儿童，让儿童带着问题通读全文，圈画速度比猎豹还快的事物，并组织交流，轻松完成了全文的整体感知，真是一举两得。

（二）"问"在隐藏处

歌德说："内容人人得见，涵义只给有心人得知，形式对于大多数人而言是一个秘密。"

潘老师让儿童第二次默读课文，提问："这篇课文是怎么来写谁比谁的速度快的？"这个问题是课文的难点，直指表达，审思发问，问得有水准。很多老师在解读这篇课文的时候，很少关注课文的语言。因为这是一篇说明文，全文语言通俗易懂，很多老师认为没有什么值得品味的价值。但是潘老师拥有一双慧眼，一只眼看到了文字的本身，另一只眼看到了文字背后的奥秘，可见潘老师解读文本的功力。

果不其然，儿童通过阅读、交流，很快发现了表达的秘密，作者采用了列数字、作比较的方法，把枯燥的问题说得生动、具体、有趣。教学到此并没有结束，潘老师出示了一段介绍作者罗伯特·E·威尔斯的话，让儿童进一步认识他，感受这位作家语言的特色，又引导儿童回到文中去寻找表达的奥秘，进行品味、交流。最后还推出作家的系列作品，让儿童认识到这个作家真是与众不同，所写文章的标题都是一个问题。这样的标题很有味道，很有吸引力，自然把儿童从课内引向了课外，从一篇中带出一组文章，实现了群文阅读，回应了统编教材要突出的"读书意识"这个目标。

（三）"问"在兴趣处

陶行知先生主张在课堂上要发现儿童，解放儿童，信仰儿童。儿童问学课堂，鼓励儿童大胆地问，这是儿童主体性的彰显。在课堂的尾声，潘老师安排了质疑问难的环节，也是匠心独运。课文学完了，但是儿童的好奇心并没有结束，儿童的思维没有停止，教师提供了质疑问难的环节，把儿童的思维火花再次点燃，儿童无拘无束，问出了自己的疑惑，问出了自己的兴趣。儿童所提的问题，不乏有新意、有含金量的问题，开启了自己的心智。潘老师就此引导儿童去寻找答案，一部分问题的答案就在文中，一部分问题的答案在课外，又把文本的学习拓展到课后，增加了文本学习的厚度和广度。

二·儿童问学课堂，"学"得有效能

"问"驱动着"学"，"学"启动了"问"，"问"与"学"相伴相生，相互作用，和谐共振，让课堂赋能增值，魅力四射，活力无穷。

（一）"学"得很明确

潘老师这堂课目标清晰，聚焦、单纯，可观可测。"提高阅读速度"是本课的语文要素，也是本课的教学目标和学习目标。围绕这一目标，潘老师精心设计教学板块，高效达成。

一读课文，画出事物和它们的速度，记录阅读的时间，排列由快到慢的事物顺序，交流阅读的方法，分享提高阅读速度的小技巧：抓住关键词句，发现自然段的规律。这一过程是引导儿童初步感知语文要素。

二读课文，思考课文是怎么来写谁比谁速度快的，引出说明方法作比较、列数字，相机介绍作者作品的语言特色，再回到课文中去，寻找课文的句子，感受作者是如何把句子写生动具体的。在此基础上二次交流提高阅读速度的小技巧，这次是让儿童回应语文要素，理解语文要素。

三读课文，提出自己感兴趣的或者不懂的问题。在交流的过程中引导儿童认识到有些问题在课文中能找到答案，有些问题需要课后去解决。这一过程实质是让儿童在初步感知了提高阅读速度技巧的基础上，运用技巧，深度阅读课文，快速提出问题，是儿童在内化、运用、实践语文要素。

"白莲结子，自知甘苦。"语文的学习，亲历体验起着关键作用。儿童只有亲身经历、体验过程，在学习的过程中感悟要素、理解要素、运用要素，最终才能实现方法的自我建构，技能的自我形成，目标的高效达成。

综观潘老师这堂课，语文要素的落地不是强加给儿童的，是儿童在多次阅读中自寻、自悟、自得的，又在运用中进一步熟知、熟练起来的，是一种自然的渗透与点化，做到了教学无痕。心中有目标，脚下有方向，教学有效能。

（二）"学"得有深度

没有思维参与的阅读是碎片化、浅表化的阅读。问，意味着儿童思维的开启，问，意味着深度阅读的起步。潘老师的课堂以"问"导"学"，以"学"生"问"，在"问"与"学"中让思维在场，促进了儿童的深度阅读。

在引导儿童发现本课的表达特点时，潘老师让儿童围绕"课文是怎么写谁比谁的速度快的？"来展开探寻。这是一个真问题，聚焦语言文字，浸润语言文字，品味语言文字，含英咀华，指向语言文字运用能力的培养。这个板块的学习，直接把儿童的思维从内容引向表达，探索文本表达的秘诀。这是一次深度的阅读，从内容走向表达，从语言走向技法，儿童的思维得以在课文的深处漫溯。

"学贵有疑，小疑则小进，大疑则大进。"难能可贵的是，儿童在全文学习的尾声，还能提出问题来，那绝对是需要思考力的。从课堂的反馈来看，一篇课文学完了，但儿童并不满足，还有很多疑问，有课文本身的，也有由课文拓展出来的问题，这样的问题再次把儿童的阅读引向了一定的深度和宽度，让阅读由课内延续到课外，让儿童保持那份好奇心，保持那份求知欲，这是守护儿童的天性，让学习真实地发生的体现，这是真正地在培养人。

儿童问学课堂，让儿童立于课堂的正中央。综观潘老师这堂课，变"教"

为"学"，突出了儿童的主体地位，安排了多层次的语文实践活动，给儿童足够的时间去读书、勾画、讨论、分享，儿童从"被动"走向了"主动"，从"结果"走向了"过程"，从"看客"走向了"创客"，儿童全身心、全过程、全领域地参与到学习活动中，在实践中增长语文能力，实现了儿童的自我成长。

（金立义　江苏省特级教师、正高级教师）

儿童问学课堂，
向着思维更深处漫溯

儿童问学课堂是激活思维，让学生深度学习的课堂；是以文化人，让学生学以成人的课堂；是面向未来，让学生自然生长的课堂。

一 · 儿童问学课堂，以激活思维为旨归

杜威说："学习就要学会思维，思维的缘由是遇到了某种困惑。"可见，学习只有面对困惑、围绕问题、基于问题，学生的思维才会被激活，深度而有意义的学习才会真正发生。

（一）激活思维，儿童问学课堂的实践吁求

儿童问学课堂，作为一种课堂教学样态，不只是为了学生获得知识，更是为了启迪心智、发展思维，让学生在发现问题、提出问题和解决问题的过程中学会探究，学会学习，生长带得走的能力。

1. 儿童问学课堂强调学生第一

以"问"为特征、以"学"为核心的儿童问学课堂把学生立于课堂的中央，最大程度地解放学生，守护天性，放飞灵性，调动学生学习的主动性和高情感投入，让学生在积极主动的"问学"历程中，对文本进行深刻的自我理解和主动的意义建构，变"经历"为"经验"，砥砺思想，生长智慧，提升素养。

所以，儿童问学课堂是学生第一的课堂。唯其如此，才能充分发挥出学生的主体性和创造性，大胆地"问"和尽兴地"学"才会成为儿童问学课堂的一种常态。

2. 儿童问学课堂彰显思辨属性

儿童问学课堂把引导学生发现问题、提出问题作为一种学习内容来看待，也作为一种习惯来培养。所以，儿童问学课堂致力于唤醒与激发学生"乐问、勤问"的意识，培养与提升学生"会问、善问"的能力。课堂上，学生通过质疑问难、批判反思、理解建构等"问学"实践活动，思考问题的角度会变得多元而开放，解决问题的方法会变得灵动而丰富，思维品质、思维习惯、思维能力等都会显著提升和适性发展。故而，儿童问学课堂中学生的"问"与"学"是彰显理解性、反思性和建构性等思辨属性的"问"与"学"。

3. 儿童问学课堂追求整体发展

课堂教学以促进学生知识、能力、思维、素养的整体发展为旨归。抑或说，课堂教学要让学生从"被学习、被发展"的状态转向主动学习、主动发展的生态，从学会知识转向学会学习，从被动做题转向主动做事，实现由"问学"走向"学问"。儿童问学课堂以此为追寻，让学生在有挑战性的问题和任务的驱动下全身心地、高情感地投入到学习情境中，切己体察，理解感悟，主动思考，积极探索，在发现问题、提出问题、解决问题的高效率做事的过程中涵养思维品质，历练学习能力，获得生长智慧，在"问学"历程中获得生动活泼的发展。

（二）激活思维，儿童问学课堂的本然样态

儿童问学课堂着眼于学生的情感丰富性、知识系统性和素养完整性等方面的综合发展，其意旨在于激发学生主动投入深度思考和深度体验的学习情境中，深度理解语言文字及其文化意蕴和表达艺术，帮助学生形成丰富的认知结构与灵活的迁移能力。因而，积极主动的思维状态是儿童问学课堂最为本真的教学生态和学习场景。

1. 启发激趣，"问学"的基础前提

学生一旦对所学内容产生浓厚兴趣，自然就会主动地去求知、去探索、去实践，并在求知、探索、实践的过程中产生愉悦情绪和高峰体验。儿童问学课堂极为关注情感在学生的学习和成长中的作用。因为学生只有善问会问、乐学会学之后，才能以积极、投入、自觉的心理状态参与学习活动，实现由"要我学"向"我要学"的自然转变。这样，富有意义的主动建构性的学习自然就会在学生兴致勃勃的、颇有意味的高情感投入的"问学"历程中真正发生。

2. 有效提问，"问学"的关键举措

提问是贯穿课堂教学始终的最基本、最频繁的行为。《礼记·学记》说："善问者如攻坚木，先其易者，后其节目，及其久也，相说以解。"有学者甚至认为：提问是教学的生命。可见，提问对于拉动和推进课堂教学十分重要。儿童问学课堂尤为重视培养学生提问的能力，把提问的主动权留给学生，倡导并鼓励学生在学习中发现问题、提出问题、解决问题，并且引导学生掌握提出有意义的、恰当的和实质性的问题的方法，切实提高学生的有效提问的能力。当然，在关注学生提问的同时，还要注意发挥教师的主导作用，教师的提问也不能缺席，关键是要对课堂提问能够进行合情合理的调控，对为何问、问什么、如何问、谁来问等给予适时适度的引导，研判问的价值，传授问的方法，提高问的质量，历练问的能力，形成问的素养。

3. 学习设计，"问学"的有效保障

儿童问学课堂以"问学单"为工具，从满足学生多样化学习需求、认知能力和经验世界出发，为学生精心设计高品质的课前、课中及课后的学习情境和学习任务，并以最优化方式进行组织和呈现，使学生获得丰富的学习体验和最佳的学习效果。学习设计一般包括"问学"的目标、"问学"的情境、"问学"的活动、"问学"的评价等方面。有了这样的学习设计，学生的学习活动就能够紧紧围绕具有挑战性的话题和任务来展开，以经过一系列的情境问题或典型

任务的有效解决，让学生在"问学"历程中，掌握核心知识和关键技能，并形成积极的内在学习动机、高级的社会性情感以及正确的人生观、世界观和价值观。

（三）激活思维，儿童问学课堂的达成质效

为激活思维而教是儿童问学课堂的价值追寻。儿童问学课堂是极富情感温度的课堂，是极富思维活力的课堂，是学生主动学习的课堂。课堂上，学生能根据学习的内容和任务，采用自主、合作、探究的方式展开深度而有意义的"问学"活动。在"问学"历程中，学生的心灵沉潜于语言文字的美妙世界之中，思接千载，视通万里，精骛八极，心游万仞，走向诗和远方。而这，正是儿童问学课堂最为美丽的风景，更是其所要达成的质效。

二 · 儿童问学课堂，为思维进阶赋能

在语文学习的过程中，学生所提出的问题指向不同的思维层面。儿童问学课堂，引导学生经历问学的全过程：从"是什么""怎么样"到"为什么"，进而走向"如何用"，由表及里，由浅入深，循序渐进，由现象到本质，思维也从低阶迈向高阶。如下图所示：

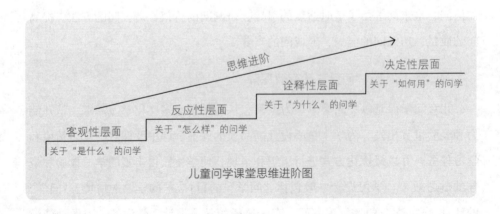

儿童问学课堂思维进阶图

（一）关于"是什么"的问学

这是指向客观性层面的思维，是关于事实、外部现实或者印象的问题，为的是读懂文本，理解内容，读出意思，得出事实。在这个思维层面，教师首先要引导学生自己尝试与文本实现"视界融合"，所提的问题如：这个字怎么读？这个词语是什么意思？这一段说了什么？……启发学生通过对字词句段篇的认知、识别、记忆、解释、整合来理解文本内容和主题，提升学生对语言文字的感知力。其次要引导学生对课文的整体把握，所提的问题如：课文到底写了什么？这样的问题，启迪学生运用阅读方法和策略，对文本内容进行提取、概括、整合、联系、比较、推知，使学生对文本内容的理解力得以增强。这个思维层面的问题以能否感知、理解文本内容和主题为标志。

（二）关于"怎么样"的问学

这是指向反应性层面的思维，是唤起个人对信息反应的问题。这种反应包括内部回应、情绪或感受、与事实相关的隐藏意象或联想。该层面的问题与个人体验、感悟、想象、品味、揣摩、审美息息相关。这里，联想的意思是由"这让我想起……"开始的思绪之流。在这个思维层面，教师要引导学生根据文本的遣词造句和行文思路学会询问：我在读这篇课文的时候，哪些地方最能拨动我的心弦？哪些地方最令我难以忘怀？我的头脑中出现了哪些画面？哪些地方最能激起我的情感，引发我的共鸣？这些地方让我想起了什么？……启发学生对文本进行分析、归纳、推论、联系和结构化，通晓文本的妙趣，读出文本的奥妙，提高学生与文本思想内容的共情力，以及对文本思路结构的分析力。这个思维层面的问题以能否怦然心动和产生共鸣为标志。

（三）关于"为什么"的问学

这是指向诠释性层面的思维，是挖掘意义、价值、重要性、含义的问题。关于主题意义的探究就是在这个层面发生的，"为什么"是这个层面的关键性问题。在这个思维层面，教师要引导学生围绕文本学会追问：课文是怎么写的？为什么要这么写？我从中获得了什么启发和收获？我对这篇课文有什么深人的理解和感悟？……启发学生通过审辨、反思、评价与批判，对文本的思想内容与表达形式进行深入反思和体悟，读出真思考，获得真感受，培育学生对文本的审辨力。这个思维层面的问题以能否理解和感悟文本意蕴为标志。

（四）关于"如何用"的问学

这是指向决定性层面的思维，是引发解决方案、结束讨论、促使个人或者团体就未来作出某一决定的问题。这一思维层面重在引导学生通过会悟、融合、转化、化用，来思考、叩问文本的阅读在思想认识的提升、言语智慧的习得、语言文字的运用等方面对自己的触动，反思学习过程，梳理学习方法，理性地审思学习行为对自己的生命成长的意义，以提升学生对文本迁移运用的再创力。这个思维层面的问题以能否迁移运用语言文字的表达智慧为标志。

这四个思维层面也建构了问题的基本框架，学生基于此框架提出不同思维层面的问题，组成"结构问题群"，从而使得真实而有意义的语文学习能够伴随不同思维层面的问题拾级而上，循序渐进地展开。

三 · 儿童问学课堂，用"问学十法＋"作支架

儿童问学课堂，为的是帮助学生更好地学习语言文字的运用，提升语文核心素养。教学中，要能够在问题情境中，在思维阻塞处，在思想混沌时，在情感升华点，在观点诞生地，给学生搭建支架，引导学生思维进阶。为此，我们以"问学十法＋"作为儿童问学课堂的支架，激活思维，促进发展。

（一）问，在问一问中激活思维

问，是儿童问学课堂的特征；问，也是儿童学习的支架。所谓问一问，一是学生的"问"，就是引导学生"问自己""问文本"，进而发现问题，提出问题；也可以是在学习进程中引导学生"问伙伴"，提出一些与伙伴讨论的问题，抑或是对伙伴的交流进行质疑或追问。二是教师的"问"，包括教师根据课标的要求、文本的特点和学生的学情而设计的问题以及对学生的表达与交流的适

度追问。

（二）听，在听一听中激活思维

听，是一种学习的方法，也是一种学习的习惯。听一听，就是引导学生在"问学"历程中用心倾听老师的讲解或伙伴的交流，从中汲取智慧，以寻求问题的解决。倾听是一种吸纳式学习，要入耳入心，凝神静思。如此，才能发挥和放大倾听的功效，激起学生的心灵思考，丰富学生的理解和认识，进而建构属于自己的认知体系。

（三）说，在说一说中激活思维

说，是最为平常的一种学习行为，也是最为重要的一种语文能力。说，是一种倾吐，是一种表达。说一说，就是引导学生在"问学"过程中把对所探究问题的理解和感悟，用准确的、通顺的、完整的语言进行表达，以与伙伴一道交流和分享。说一说，要注意说的方式和语气，要心平气和、恰当表达。如此，才能激活语言思维，提升说的质量，历练说的能力。

（四）读，在读一读中激活思维

读，既是一种吸纳，也是一种表达。读一读，一是指引学生默读静思，潜心会文，理解和感悟文本的内容，找寻和发现问题解决的结果和方法；二是引导学生把对文本内容的理解和感悟通过声情并茂地朗读表达出来。默读，要字字入目，句句入心，有一定的速度；朗读，要字正腔圆，声声入耳，有一定的情感。无论是默读还是朗读，都是为了激活思维，把学生由此岸引向彼岸，理解语言文字的意蕴，感受语言文字的魅力。

（五）写，在写一写中激活思维

写，是一种动笔实践的活动，是一种流动于指尖的智慧。写一写，就是引导学生在"问学"历程中，根据真实的情境和具体的问题而用笔来写的活动。写一写，通常有这几种方式：一是用笔圈画批注，圈画出关键词句，简要写出自己的理解和感受，使自己的思维语词化；二是用笔画出分析问题的结构图示，或画出解决问题的思维导图，使学生的思维可视化；三是用笔迁移运用，如让学生用词语造句、仿写片段、写读后感等，都是在写一写中学会迁移，提高语言文字的运用智慧。

（六）议，在议一议中激活思维

议，是一种讨论和评价的方式，是一种疑议相析和分享互学的过程。议一议，就是引导学生在"问学"过程中，对所探究问题的过程、方法和结论进行讨论、交流和评价的活动。议一议，从组织形式看，有同桌之议、小组之议和全班之议这三种方式。在议一议当中，一要让学生既能畅所欲言地表达自己的观点，也能认真地听取伙伴的观点，彼此之间能够进行心与心的交流，思想与思想的碰撞；二要让学生学会用发展性的眼光对伙伴的观点及其表达观点时的情感态度作出客观中肯的评价，既能肯定优点和进步，也能指出问题和不足；三要让学生学会梳理、吸纳伙伴所表达的意思，以丰富自己的见解。

（七）联，在联一联中激活思维

联，是一种联系，一种关联，抑或是一种联想。联一联，就是引导学生在"问学"进程中，厘清事物与事物之间的内在关联，以更全面、更深入地分析问题、解决问题。联一联，主要有这几种形式：一是联系上下文，思考解决问题的方法和途径；二是联系相关背景或资料，寻求解决问题的方案；三是联系生活实际，分析问题，探寻解决问题的最佳路径；四是通过由表及里、由此及彼的联想，以还原场景，再现情境，产生共鸣。

（八）比，在比一比中激活思维

比，是一种对比或类比。所谓的对比就是通过对两种相近或相反事物进行比较，以寻找事物的异同及其本质与特性；而类比则是通过对两个具有相同或相似特征的事物之间的比较，以从某一事物的已知特征去推测另一事物的相应特征的存在。比一比，就是引导学生在"问学"过程中，采用对比或者类比的思维方式来思考问题、分析问题，进而获得有关解决问题的方法和结论。

（九）改，在改一改中激活思维

改，是一种变化，是一种在改变中的学习。改一改，就是引导学生在"问学"过程中，揣摩和辨析语言文字因某种变化而使其表达的分寸、情味和美感等发生的变化，进而理解语言文字的精妙，感受遣词造句的精准，增强语言运用的智慧。改的一般类型有：加一加，如在文本中添加一些词语，帮助学生理解和体会；减一减，如删减文本中一些关键词语，让学生发现变化，加深理解和感悟；调一调，如调换有关词语的次序，让学生感知与理解语义的差异；换一换，如替换文本中的一些关键词语，让学生在揣摩比较中感受变化。

（十）演，在演一演中激活思维

儿童是天生的表演者。演，不仅可以激发学生的学习热情，而且可以加深学生对文本的理解和感悟。演一演，就是引导学生在"问学"过程中，在感受和理解文本内容的基础上，把文本内容和情境用表演的方式呈现出来。值得注意的是，演的目的是帮助学生更好地学习语文，切忌为演而演，从而导致肢体的乱动、思想的游走、目标的漂移。

- - - - - - -

经典课例

- - - - - - -

《我的战友邱少云》（统编版六年级上册）
教学实录

一·唤醒情感，导入课文

师： 最近有一部关于抗美援朝的热播电影，知道吗？

生：《长津湖》。

师：看过的举手。看了以后，有什么感受？

生：我感受到志愿军战士为了我们现在的和平幸福的生活，不惜付出自己的生命，他们的英勇让我感动。

师：还记得电影中的"我们把该打的仗都打了，我们的后代就不用再打了"这句话吗？这就是英勇无畏的志愿军战士的高尚情怀。

生：我从中感受到当今生活的来之不易，要珍惜现在的美好生活。

生：我们的战士，甚至连厚一点的棉衣都没有。他们是用意志力打败了装备精良的美军，所以我们应该记住他们的英雄事迹，向他们学习。

二·初读课文，整体感知

师：今天，我们也来学习一篇关于抗美援朝的课文，它的题目是——

生：《我的战友邱少云》。

师：这是一篇革命回忆录。知道题目中的"我"是指谁吗？

生：李元兴。

师：李元兴是邱少云生前部队的副班长。邱少云的战友李元兴在这篇课文中回忆了一个什么样的故事呢？下面请大家带着以下任务来读课文。（**PPT 出示"学习任务"，生读。**）

- -

1. 朗读课文，说说这篇课文的主要内容。

2. 圈画出课文中表示时间的词语，借助这些词语把课文分成几个部分，并用小标题列出各部分内容。

- -

（生朗读课文，自主学习。）

师：谁来说说这篇课文的主要内容？

生：早晨，我们在一条山沟潜伏，用茅草掩护自己。约11点钟的时候，敌人对他们阵地前沿的安全不放心，就使用了燃烧弹。"我"发现邱少云身上烧着了，烈火在他身上烧了半个多钟头才熄灭，可邱少云同志像千斤巨石伏在那纹丝不动，连一声轻微的呻吟都没有发出。黄昏时，我们勇猛地冲上了阵地，为邱少云同志报仇。

师：你把故事的来龙去脉基本上说清楚了。谁能说得再简洁些呢？

生：1952年10月12日，为了夺取敌人占领的"391"高地，天亮前，我们就潜伏在山沟里，约莫11点钟时，敌人使用燃烧弹，邱少云忍受着烈火焚身的痛苦纹丝不动，一声不吭，黄昏时，我们取得了胜利。

师：我们在说主要内容的时候要把时间、地点、人物、事情的来龙去脉说清楚，现在你们同桌之间互相来说一说，好吗？（学生自由说）

师：第二个小任务，你们在文中圈画了哪些表示时间的词语？

生：我圈画的是"天亮以前"，还有第2自然段的"太阳渐渐爬上山头"，第7自然段的"约莫11点钟的时候"，第14自然段的"黄昏时"。

师：这些时间就提示我们这篇课文可以分为几个部分？

生：四个部分。

师：请在文中用"//"标示出来。你们是用什么小标题来概括各部分的内容的？

生：第一个部分，我是用"隐蔽潜伏"这个小标题来概括的。

师：你是用文中的词语来概括小标题的。

生：第二部分，我是用文中的词语"伪装掩护"来概括的。

师：可以，还有不一样的吗？

生：我是用"潜伏纪律"来概括的。因为他们是潜伏隐藏在离敌人很近的地方，很容易被发现，潜伏要求高，难度大。

师：同学们觉得他说得有没有道理？

生：有道理。

师：那第三部分可以用什么小标题来概括呢？

生：引火焚身。

师：她用"引火焚身"来概括第三部分的内容。同学们有何看法？

生：我觉得应该是"烈火焚身"，因为"引"是一个动词，如果用"引"，那就是邱少云自己把火引到身边来，而邱少云没有动身，是火烧到他身上来的。

师：是敌人发射的燃烧弹，所以用"烈火焚身"或"烈火烧身"比较好。那第四部分的标题是什么呢？

生：攻上高地。

生：夺取高地。

师：或者说"获得胜利"。请一位同学把小标题写在黑板上。（生写小标题）

三·任务驱动，自读感悟

（一）明确任务，自主阅读

师：同学们，这是一个感人肺腑的故事，是一篇略读课文。我们学习本课的主要目的和任务是什么呢？请大家自由读"阅读提示"。

师：读了"阅读提示"，我们知道本课有两个主要学习任务。（**PPT 出示，生读。**）

----

1. 找出描写"我"心理活动的句子，用心地读一读，并联系上下文体会邱少云是一个怎样"伟大的战士"。

2. 课文写了邱少云和战友们潜伏的山沟环境，又写了邱少云任凭烈火烧身纹丝不动，结合相关内容说说两者有什么联系？

师：请大家带着这两个任务，仔细阅读课文，边读边思，圈画出相关的语句并作批注。

（二）交流理解，分享感悟

师： 你们在阅读思考、解决问题的过程中，有没有遇到新的问题？

生： 我有一个问题，在第 12 自然段，为什么说"我"不忍看邱少云被烧死，但是又忍不住不看呢？

生： 我的困惑是，邱少云是有生命的人，为什么要把他比作千斤巨石？

……

师： 刚才，同学们提出了自己的困惑，下面请你们带着这些困惑来参与交流。在交流的过程中，如果你的困惑解决了，就举手示意一下。好，我们现在来交流分享第一个问题。你找到哪些心理描写的语句？

生： 第 12 自然段描写了"我"的心理活动。

生： 我认为第 11 自然段也全是"我"的心理活动。

师： 也就是说课文的第 11、12 自然段描写的是"我"的心理活动。细细揣摩一下，你们有什么体会？

生： 从第 11 自然段可以看出，当时的邱少云，如果要扑灭身上的火其实很简单，但是他一直伏在那儿没动，他在烈火中竟然纹丝不动，可想而知他的毅力是多么顽强。

师： 说得好！邱少云身上的火是有办法扑灭的。怎么灭？

生： 邱少云从火堆里跳出来，打几个滚，身上的火是可以熄灭的。

师： 这是邱少云的自救方法。还有吗？

生： 他附近的战士跳过去把他拉出来并扯掉他着火的棉衣，也可以救出邱少云。

师： 你看，邱少云自救是容易的，别人去救他也是容易的。但是能救吗？

生： 不能救！因为当时隐藏的山沟离敌人的阵地非常近，他们只要稍微动一动就会被敌人发现，而敌人发现的后果就是战役失败。

师： 课文是怎么写的？能不能把相关的语句读一读？

生：（读）但是这样一来，我们就会被山头上敌人的哨兵发觉……这次作战计划要完全落空。

师：明白不能救的原因了吗？一起来读一读，体会体会。（齐读）

师：你们发现这一段在用词造句上有什么特别之处？

生：我发现这一段用的关联词很多。用"如果……就……"说邱少云自救的方法，用"如果……也……"讲他人救邱少云的方法，用"但是……就……"来转折不能救的原因，用"不仅……也不仅……更……"层层递进地说明不能救邱少云的理由。此时此刻，邱少云是有办法救的，但是又不能救，"我"的内心极度悲痛。

师：请大家在这些关联词下面打上着重号。是的，为了这个班，为了整个潜伏部队，为了这一次作战计划，虽然有办法救，但是不能救。所以，我的内心非常矛盾，非常痛苦，因为邱少云是"我"的战友啊！谁来把这一自然段给大家读一读？体会"我"当时的思想感情。（生声情并茂地朗读）

师：在当时"我"首先想到的是救战友，但是仔细一想不能救。所以"我"就只能眼睁睁地看着邱少云被烈火焚烧。"我"的内心怎么样？谁来读？

生：（读）我的心紧缩着……眼泪模糊了我的眼睛。

师：对于这一段心理活动描写，你们有什么感受？

生：我担心的是邱少云突然忍耐不住，跳起来或者叫起来，从而导致整个作战计划失败。

师：邱少云是一个年轻的战士，经历战火的考验还不多，而这个时候他却被熊熊的烈火团团围住，这是怎样的滋味？你们有没有被开水烫过？开水烫到你的手上，是什么感觉？

生：我被开水烫过一次，只是被还没有达到 100 度的热水烫了一下，当时疼得我哇哇地叫，而此时此刻邱少云全身是被熊熊燃烧的烈火给包围着，我想他的痛苦简直是难以忍受的。

师：是啊，烈火焚身的痛苦是常人难以忍受的！所以我担心——

生：（读）我担心这个年轻的战士会实在忍耐不住突然跳起来，或者突然叫出声来。

师：如果跳起来，或者叫出声来，那就会怎么样？

生：（齐读）但是这样一来……更严重的是我们准备了好久的这次作战计

划要完全落空。

师：因为担心，所以"我"不敢去看，就生怕意外的出现。那"我"为什么忍不住不看呢？

生：因为"我"希望火在邱少云身上突然熄灭。

师：此时此刻，"我"是多么希望能出现这样的奇迹啊！还有吗？

生：我觉得，"我"不忍看，是一种担心；忍不住不看，还是一种担心。这些担心是因为烈火焚身太过痛苦，太难以忍受，就怕邱少云忍受不了而暴露部队。

师：谁来读一读这一段？体会一下这种矛盾的、痛苦的、复杂的心理。（生朗读）

师：学到这里，你提的问题有没有得到解决？你来读一读这一自然段，也体会一下不敢看又忍不住不看的矛盾心理。（生朗读）

师：同学们，课文题目叫《我的战友邱少云》，而这里用了大量的笔墨写"我"的心理活动。这是为什么呢？

生：通过对"我"的心理描写，从侧面写出邱少云烈火焚身还是纹丝不动的英勇气概。

师：这就是侧面描写的魅力。

生：通过对"我"的心理描写，表现了邱少云顾全大局、视死如归的崇高精神。

师：这两段心理描写，把"我"的思想感情生动细腻地表现了出来，那邱少云在烈火中的表现是怎样的呢？一起读。

生：（读）烈火在我的战友邱少云身上烧了半个多钟头才渐渐熄灭。这个伟大的战士，像千斤巨石，伏在那儿纹丝不动，直到牺牲前的最后一息，都没发出哪怕是极轻微的一声呻吟。

师：邱少云在烈火中的这种表现，有没有触动你的心灵？

生：最触动我的地方是"半个多钟头"，烈火的温度那么高，烧的时间这么长，一般常人哪怕接触一秒钟也是忍受不了的，而邱少云却忍受了半个多钟头，可想而知，邱少云是多么坚强啊。

师：烈火烧身时间之长触动了你的心灵。

生："直到牺牲前的最后一息，都没发出哪怕是极轻微的一声呻吟"深深地触动了我。他被烈火烧了半个多钟头，但是直到牺牲的时候都没发出一点点的声音。他很坚强、很伟大！

师：邱少云也是血肉之躯啊！烈火在他身上烧了半个多钟头，都没有发出一点点声音。这怎么忍受得了呢！

师："我"曾担心他会突然跳起来，结果邱少云是——

生：（读）像千斤巨石，伏在那儿纹丝不动。

师："我"曾担心他会突然叫出声来，结果邱少云是——

生：（读）直到牺牲前的最后一息，都没发出哪怕是极轻微的一声呻吟。

师：所以，"我"对邱少云的称呼由"年轻的战士"变为"伟大的战士"。那"年轻的战士"怎么就变为"伟大的战士"了呢？

生：因为邱少云在烈火中的表现，让"我"深深感受到邱少云是一个顾全大局、不畏牺牲的伟大的战士。

师：所以，年轻的战士瞬间就伟大了起来。

生："千斤巨石"让我震撼。烈火在他身上烧了半个多钟头，他却纹丝不动。邱少云有顽强的毅力。

师：同学们发现"这个伟大的战士，像千斤巨石"在表达上的秘密了吗？

生：这是一个比喻，是把烈火中的邱少云比作了"千斤巨石"。

师：是的，你认为这个比喻比得怎么样？

生：我觉得，这个比喻特别形象。因为千斤巨石很稳，不会动，而伏在烈火中的邱少云纹丝不动；还有千斤巨石不会发出声音，而邱少云伏也没有发出一声呻吟。

师：你从两个方面讲了这个比喻之妙。

生：这个比喻十分贴切。烈火烧的是邱少云的血肉之躯，但是他伏在那里就像千斤巨石一样，和"我"的想象、"我"的担心完全不一样，所以，"千斤巨石"表现出邱少云坚强的意志力。

师：这就叫坚如磐石。我们来读一读这个比喻句，体会它的精妙。（**生读**）

师：学到这里，你提出的"邱少云是有生命的人，为什么要把他比作千斤巨石？"这个问题有没有得到解决？（生连连点头）

师：刚才我们交流分享了第一个小任务。现在再来交流分享第二个小任务。课文哪里写了邱少云和战友们潜伏的山沟环境？

生：第3自然段。

师：从这一自然段的环境描写当中，你们感受到了什么？

生：这条干涸的小山沟并不十分隐蔽，志愿军隐蔽在这里特别危险。

师：危险在哪里？

生：（读）我们离敌人太近了，前面几十米就是敌人的前沿阵地。我们不但可以看见敌人设置的铁丝网和胸墙，而且可以看见敌人主阵地上的地堡和火力点，甚至连敌人的谈话声都听得见。

生：这里用"不但……而且……甚至……"这组关联词，写出了志愿军隐蔽的地方离敌人很近，非常危险。

生：志愿军在这样的环境里潜伏难度非常大，必须僵卧着一动不动，一声低低的咳嗽都可能被敌人发觉。

师：同学们，志愿军从天亮一直要潜伏到什么时候？

生：黄昏时候。

师：整整一个白天的时间都必须用什么姿势来潜伏？读——

生：（读）我们必须僵卧着一动不动，一声低低的咳嗽或者轻轻地蜷一下腿，都可能被敌人发觉。

师：这就是这次潜伏的纪律。这样的环境对潜伏的要求之高，对战士们的要求之高，这本身就是对战士们的考验啊！读——

（生读）

师：那这样的环境描写与邱少云任凭烈火烧身纹丝不动有什么关系呢？

生：我觉得是前后照应的关系，表现出邱少云顾全大局、严守纪律、不畏牺牲的精神。

生：我觉得，环境描写是为后面邱少云在烈火中的表现作铺垫。

四·铭记形象，汲取力量

师： 为了整个潜伏部队，为了作战计划顺利完成，邱少云忍受着常人所难以忍受的巨大的痛苦，像千斤巨石，伏在那里一动不动，一声不吭。面对此情此景，你们想用什么话来赞颂邱少云？

生： 英勇无畏，舍己为国。

生： 不畏牺牲，舍己为国，赴汤蹈火，在所不辞。

生： 我想用"语文园地"里面的"捐躯赴国难，视死忽如归"来表达我对邱少云的崇敬之情。

师： 让我们用动情的朗读，来表达我们对邱少云的崇敬之情。读——

生：（读）烈火在我的战友邱少云身上烧了半个多钟头才渐渐熄灭……都没发出哪怕是极轻微的一声呻吟。

师： 同学们，让我们铭记这位伟大的战士，在烈火中的最光辉的形象吧！读——

生：（读）烈火在我的战友邱少云身上烧了半个多钟头才渐渐熄灭……都没发出哪怕是极轻微的一声呻吟。

师： 同学们，今天我们学习《我的战友邱少云》这篇课文，就是为了——

生：（读）重温革命岁月，把历史的声音留在心里。

师： 我们今天学习《我的战友邱少云》这篇课文，就是为了——

生：（读）重温革命岁月，把历史的声音留在心里。

师： 同学们，我们"重温革命岁月，把历史的声音留在心里"，更是为了——

生：（读）我们要铭记抗美援朝战争的艰辛历程和伟大胜利，弘扬伟大的抗美援朝精神，向着实现中华民族伟大复兴的中国梦继续奋勇前进。

师： 这是习近平主席在纪念中国人民志愿军抗美援朝出国作战 70 周年上讲的话，我们再来读一读——

（生读）

师： 同学们，邱少云的行动诠释了伟大的抗美援朝精神，让我们记住这位英雄，一起来呼唤一下这位英雄的名字，他叫——

生：邱少云。

师：同学们，请不要忘记邱少云牺牲的日子。读——

生：我永远忘不了那一天——1952 年 10 月 12 日。

师：回去之后，同学们可以找一些有关抗美援朝的文章或者影视作品看一看，去进一步感受伟大的抗美援朝精神。

- - - - - - -

名 师 评 析

- - - - - - -

调和：让"问学"充盈思维之美

从某种意义上来说，课堂是由问题构成的，提问是学习活动的启动器。但是课堂提问不能"满堂问"，也不能是"纯活动"，理想的课堂应是"问题"与"活动"的互补互促、共生共进，通过问题促进活动的深化推进，通过活动引发问题的深入思考。其中，就需要调和课堂要素的各种生态关系，相生共栖，整体发展，不可偏废。《我的战友邱少云》一课，是特级教师潘文彬先生在儿童问学课堂的实践研究中又一个鲜活的课例。在"问"与"学"的课堂生态调和方面，很值得我们思考与借鉴。

一·核心问题与辅助问题的动态平衡

在课堂中，学生掌握知识的情况一定程度上取决于师生提问的质量。选择什么样的问题就会决定学生有什么样的学习深度。一堂课的提问要避免问距过小、问域过窄，就要处理好核心问题与辅助问题的关系。

本课是略读课文，其核心任务就是课文前的"阅读提示"。其核心问题有二：一是找出描写"我"心理活动的句子，用心地读一读，并联系上下文体会邱少云是怎样一个"伟大的战士";二是课文写了邱少云和战友们潜伏的山沟环境,又写了邱少云任凭烈火烧身纹丝不动,结合相关内容说说两者有什么联系。这两个问题,一是指向对人物品质的理解,二是指向对言语形式的品味。这是本课两个高难度、综合性的核心问题,但并不是三言两语、一蹴而就、简单复述就能解答清楚的。它需要在"问—学—思—教"之间不断地来回穿梭、沉潜深入。为了破解这个教学的重难点,潘老师选取了学生提出的问题作为辅助,来推进对核心问题的理解。如"邱少云自救是容易的,别人去救他也是容易的。但是能救吗?""那'我'为什么忍不住不看呢?"等,这些辅助问题,并不是随意选之,也不是多此一问,每一个问题都要求学生寻找文本中的事实依据,结合自己的心理感受,理解邱少云的所作所为,其目的是叠加推动、深化体悟,辅助学生解答"为什么称他是伟大的战士"这一个核心问题。

二·教师提问与学生问学的相得益彰

儿童问学课堂的理念是"让学引思",改变了"教师问—学生答"的单一线性的课堂结构,从"学"的角度来观照课堂,让学生的"问"参与到课堂学习当中,让学生大胆地问,主动地学。这种参与并不是"1+1"的两层皮的各自为政,而是将学生的"问"嵌入到教师的"教"的环节之中,由此教师与学生共同整合、生成一些具有思维含量和探究价值的问题,让学生的"学"随着"问"的进程,展开深度而有意义的学习。

比如,本课学生带着"阅读提示"完成两个学习任务时,潘老师并不急于马上让学生进行答案交流,而是问学生:"你们在阅读思考、解决问题的过程中,有没有遇到新的问题?""同学们提出了自己的困惑,下面请你们带着这些困惑来参与交流。在交流的过程中,如果你的困惑解决了,就举手示意一下。""学到这里,你提的问题有没有得到解决?"很显然,潘老师非常关注学生学习起始的"生疑",关注学习过程的"解疑",关注学习成效的"释疑"。教师的"教"也随着学生的"问"与"学",适时适度地引导、启迪、探析、回顾,学生课堂状态从静听式走向参与式,从印证性学习走向探究性学习。学生在阅读时产生的问题在师生共同探讨下逐步明晰,迎刃而解,其阅读的快感绝不是机械地回答教师提问,亦步亦趋地跟着老师学习所能代替得了的。学生作为课堂主体参与的尊重感与成就感的满足,正彰显了学生的主体价值。

三·低层次问题与高层次问题的多维兼顾

祝新华教授在《促进学习的阅读评估》中提出了阅读认知能力的六个层次系统(复述、解释、重整、伸展、评鉴、创意),对改进我们的课堂提问策略和问题表述方式的启示是:课堂问题设计要着眼文本,着眼学生,着眼能力层级的全覆盖,多维度设计不同层级的问题,特别是要设计高层次的课堂提问,最大限度地促进学生阅读力和思维力的发展。潘老师在本堂课的提问中,就很好地体现了六个能力层级的全覆盖、多维度和整体化。摘录以下几个问题佐证:

(1)圈画出课文中表示时间的词语。(复述)

(2)用"引火焚身"还是"烈火烧身"好?(解释)

(3)说说这篇课文的主要内容。用小标题列出各部分内容。(重整)

(4)题目叫《我的战友邱少云》,而这里用了大量的笔墨写"我"的心理活动。这是为什么呢?(伸展)

(5)把邱少云比作"千斤巨石",你认为这个比喻句比得怎么样?(评鉴)

(6)面对此情此景,你们想用什么话来赞颂邱少云?(创意)

这六个问题分别指向六个能力层级,由低到高,由表及里,由浅入深,不断地引导学生在理解情节发展、揣摩作者心理、感悟人物形象、体会精神品质等方面,经历了一个检索、理解、概括、分析、诠释、联结、评判、应用等一系列纵深化思维的学习过程。这种复合型、多维度的问题串,杜绝了在低层次问题上的浅表性学习的徘徊，也消除了固化在某一个层次问题的重复训练。低层次问题与高层次问题的兼顾覆盖，就如同给学生提供了配方合理、营养均衡、要素高能的复合营养剂，能有效保证让阅读过程转化为问题被探索、被发现的过程，完成阅读认知的关联与建构，驱动学生成为深度学习的参与者，成为主动建构的学习者。

四 · 人文主题与表达形式的共生互振

本课是红色经典课文，承载着革命传统教育的功能，教学时要防止贴标签式的、一味强调革命精神的宣教却忽视对语言文字本身的浸染涵泳。理想的教学应是在人文主题的熏陶与表达形式的领悟两方面的融会贯通。本课教学在这两者之间达到了共生互振的效应。

如在理解邱少云"能救却不能救"的生存处境时，老师问"你们发现这一段在用词造句上有什么特别之处？"，关注的是语段中很多关联词语的叠加堆积、层层递进这一特殊的表达形式，在体悟文字表达效果张力的同时又深刻理解作者内心的无奈酸楚和极度悲痛。又如问"同学们发现'这个伟大的战士，像千斤巨石'在表达上的秘密了吗？"，引导的是让学生品析玩味这个比喻句的贴切精妙，同时浸润其中，感慨万分的是对邱少云坚如磐石的革命意志的钦佩与敬仰之情。再如问"这样的环境描写与邱少云任凭烈火烧身纹丝不动有什么关系呢？"，引导学生关注的是烘托铺垫、前后照应等布局谋篇的表现手法，从文学赏析的角度去感受英雄可歌可泣的革命精神。

潘老师很善于在文字与文字的缝隙之间洞悉革命精神与表达形式的内在联结点，通过驱动性问题，引发学生深度思考，促使学生沉潜到文字表达的深处，帮助学生建立人文主题与语言文字之间的联系，进而深入理解文章的内容，领悟作者的表达内涵，推动学生的思维发展，从而更准确地把握红色经典课文的时代价值与精神力量。因此，课的结尾部分的慷慨高昂、激情荡漾的朗读也就水到渠成了，因为学生在这样真实的语言实践活动中获取语感、形成丰富而深刻的情感体验。只有这样，文本的意义才能生成，读者新的视界才会形成，语言文字运用的效果才会领悟，这样共生互振的学习才是真正的有意义的深度学习。

（何必钻　浙江省特级教师、正高级教师）

第
7
讲

儿童问学课堂，
促进从"问学"走向"学问"

儿童问学课堂是新常态下课堂教学改革的新尝试。儿童问学课堂，是儿童以"问"开启儿童学习旅程的课堂，是尊重儿童的天性、回归学习本质的课堂，是儿童享受学习过程、汲取生长能量的课堂，是促进儿童从"问学"走向"学问"的课堂。

一 · 儿童问学课堂：为了儿童，回归学习

儿童问学课堂，为了儿童的发展，为了学习的回归，为了让儿童的学习回归本来的样子。

首先，为了儿童，就得先研究儿童。儿童问学课堂，回归儿童的立场，尊重儿童，解放儿童，守护天性，让儿童在课堂上像儿童的样子，能够自由自在地想，无拘无束地问，快快乐乐地学，还儿童学习以本真的状态。

其次，回归学习，就得要研究学习。儿童问学课堂，回归学习的本质，深刻理解学习的意蕴，科学把握学习的特点，还学习本该有的样子。美国教育学家尼尔·博斯特曼说过："一旦你学会了提问，掌握了提出有意义的、恰当的和实质性的问题的方法，你就掌握了学习的技巧。从此以后，再也没有人能够阻止你学到你想学到的任何东西，因为学会提问是人类迄今为止所发现的最重要的认识方法。"的确如此，纵观人类社会，无论是思想发展史、社会进步史，还是科学发现史、技术革新史，无一不是在不断发现新问题中解决问题，又无

一不是在解决问题中发现新的问题，如此循环，推动着人类社会的发展。而对于每一个独立的个体来说，又都是在不断的自我追问中、自我省思中找寻和建构自己的精神家园。只是在现代学习中，人们似乎迷失了自我，失却了本真。故而，回归对问题的发现，并在探求问题的过程中找回人们自己应有的智慧，乃为学习的本然意蕴。

其实，"问"和"学"都是儿童获取知识不可或缺的形式和方法。"问"，就是对疑的一种集中与概括，即由疑而引发的一种求知、求解的愿望与要求。"问"，可以是动词，作为动词解释，是质询，是发问，是提出疑惑，以求解答。这样的"问"，既是一种思维过程，也是一种求教做法；这样的"问"，既是一种行为方式，也是一种学习活动；这样的"问"，既可以指向自学，也可以指向求学。"问"，也可以是名词，作为名词理解，就是问题，是话题，是以问题为发端，开启儿童的心智，驱动儿童的学习，使儿童获得生长的力量。这样的"问"，固然不是肤浅而简单的"问"，而是一种富有思维的张力和探究的魅力的"问"，是一种能够激发好奇心和求知欲的"问"，是一种引发儿童展开深度而有意义学习的"问"。

儿童问学课堂的"问"，是一个由动词之"问"向名词之"问"的转化，再由名词之"问"向动词之"问"的转化的学习过程，在这个互为转化的过程中儿童的思维被激活了，儿童的学习走向了深度。而这就是学习本该有的样子。

儿童问学课堂是让儿童在自由游戏和不断尝试中展开语文学习的实践活动。"问学"的主体是儿童，所以，"问学"之"问"是基于儿童而来，是激活儿童的思维，唤醒儿童的问题意识，让儿童主动地"问"，大胆地"问"，并由此而整合、生成一些能够体现学科特质的且有一定思维含量和探究价值的问题或话题。然而，儿童毕竟是儿童，其间，教师的主导作用不容忽视，要适时适度地教给儿童一些"问"的策略和方法，以通过教师的"问"来启发、引导儿童的"问"和"学"。

"问学"，对于儿童来说，是一种学习方式，使得学习回归本义，回归到儿童这个主体上来，让真实而自由的学习能够发生在每一位儿童的身上。"问学"，对于教师来说，是一种教学理念，顺应儿童的天性，尊重儿童"问"和"学"的权利，以"问"定"教"，以"学"促"教"，"问""学"相融，"学""教"相长，"问""学""教"相得益彰，和谐共生，使得教学回归本真，回归到促进儿童生长这个主旨上来，让每一位儿童都能够成为拥有学力、富有学养的有"学问"的人。

二 · 儿童问学课堂：激活儿童，快乐学习

儿童问学课堂，把儿童置于课堂的中央，高度关注和充分尊重儿童的"问"和"学"，但这并不意味着弱化了教师的启发和引导的作用。其实，在儿童问学课堂上，问学动机的激发、问学氛围的营造和问学动力的维持，这三个至关重要的东西，教师是怎么也绕不开的，需要倾注智慧加以研究。这三者，如果在课堂上处理得当，儿童的学习效率就会大大提高；相反，如果在课堂上处理失当，儿童的学习效果就会大打折扣。

（一）问学动机的激发

儿童问学课堂，如何激发儿童的问学动机，使之产生一种"我要学"的欲望。这不禁让我想起了"一棵树摇动一棵树，一朵云推动一朵云，一个灵魂唤醒一个灵魂"的有关教育本质的论述。一个灵魂唤醒一个灵魂，这不就是教师在课堂上要做的事情吗？课堂教学的本质就是一种唤醒、一种诱导，是唤醒儿童生命的自觉，诱导儿童用自己的心智去学习。那么，儿童问学课堂，该如何来唤醒儿童，让儿童愿学、爱学呢？理性的思考和实践的探索，让我们愈来愈深刻地感悟到，唤醒儿童的学习动机，首先要培育儿童的学习情感，让儿童乐于学习，感觉学习是一件很有意思的事情。这就意味着我们要研究儿童，尊重儿童，用贴近儿童的方式来激发儿童学习的内驱力，把课上得好玩一点，有趣一点。其次要把握语文的自身规律，让儿童热爱汉语，亲近汉字，感觉语文是一种很有意思的学科。这就意味着我们要研究语言文字，用汉语言文字本身所独有的艺术魅力和文化张力来唤醒儿童学习的情趣，把语文上得生动一点，有

意思一点。再次要研究儿童的思维特点，让儿童真正思起来、想起来，体会思想所带来的活力和快感。这就意味着我们要解放儿童的思想，守护儿童的天性，放飞儿童的心灵，让儿童大胆地"问"，尽兴地"学"，把课上得自由一点，灵动一点。儿童一旦对语文学习有了深厚的情感，有了浓厚的兴趣，即使老师不教，他们也会乐此不疲地学。

（二）问学氛围的营造

课堂民主是儿童问学课堂极力倡导的理念。因为课堂民主的本真就是一种精神的、思想的、心灵的自由。课堂一旦有了一种民主平等的气息，就会少一些师道尊严，多一些相互尊重；少一些规矩的约束，多一些安全的自由；少一些告知和灌输，多一些发现与感悟。课堂也只有充满民主融洽的氛围，才能使儿童的思维处于最佳的状态，思接千载，心游万仞；才能使儿童集中思想，驻足凝视，沉潜其中；才能使儿童消除顾虑，敞开心扉，快乐表达。问学氛围的营造，至少要从以下几方面发力。

一是还学生以自由。儿童问学课堂上，教师要最大限度地给予儿童"问"和"学"的自由，对于儿童的"问"和"学"，力求做到不打断、不指责、不呵斥、不敷衍，守护儿童好问的天性，让儿童毫无顾忌地、大胆地"问"，注意包容儿童"问"与"学"的瑕疵，因为"问"的本身就是儿童一种极为重要的"学"的方式，"问""学"相长。

二是把课堂给打开。儿童问学课堂不是封闭的课堂，而是向四面八方打开的课堂。这种打开，首先是基于儿童的现实生活，向着儿童的生活打开，让课堂走向生活；其次是基于儿童的真实的学习情境，向着儿童的学习打开，让课堂走向智慧；再次是基于儿童的生命成长，向着儿童的心灵打开，让课堂走向儿童。

三是给学生以快乐。儿童是儿童问学课堂中快乐的主人。在问学过程中，儿童的心智沉潜于文本的世界之中，浸润于语言文字之中，沉浸于课堂的互动之中，快乐学习，快乐思考，快乐分享，"感悟"与"对话"共舞，"真情"与"理性"齐飞，尽情地享受着"问"和"学"的乐趣，感受着思辨的魅力，吮吸着、消化着、积淀着语言文字，汲取着语言文字的运用智慧。这是问学带给儿童的一种快意。这种快意，流淌着浓郁的情愫，洋溢着生命的温暖，荡漾着生长的幸福。

（三）问学动力的维持

贴近儿童天性的评价，是儿童问学课堂持续不断的动力源泉。所以，我们把"多元评学"贯穿于儿童问学课堂的始终。希冀通过"多元评学"来调动儿童学习的积极性，让儿童对学习保持一种稳定而持久的动力。

多元评学，首先，评价的主体是多元的，教师评价与儿童自评互评相结合，让评价促进儿童更好地学习；其次，评价的内容是多元的，不仅要评价儿童学习的结果，更要评价儿童的学习态度、学习习惯、实践能力等，让评价激发儿童的进取心和求知欲；第三，评价的方式也是多元的，可以根据具体情况或采用定量评价，或采用定性评价，或采用延迟性评价，或采用表现性评价，如此等等，让评价促进教与学的协同发展。

多元评学不是为了甄别，而是为了激励儿童更加主动地去学习。这就意味着在评价时，要怀赏识之心，用长远的眼光看待儿童的进步，要少一些儿童间的横向比较，多一些儿童个体的纵向比较，让儿童能够在学习过程中真正地看到自己的成长和变化。对于儿童的评价要切忌含糊笼统，要真切具体，有针对性，能使儿童知道自己"好在哪里"，让儿童从评价中明白该如何学习，进而产生学习的动力。

三 · 儿童问学课堂：成就儿童，优化学习

以"问"为特征、以"学"为核心的儿童问学课堂，就是基于对儿童立场和学习本质的回归，让真实而自由的学习能够真正发生。

（一）问学的前提：生成问题

变以讲授为中心为以学习为中心的儿童问学课堂，关注和强调的是"问题

化学习"。所谓"问题化学习"，就是以真实的问题为基础，进而形成的一个问题群或问题链，以此来开启儿童的思维，驱动儿童的学习，拉动课堂的进程，让儿童在对问题的追寻中，大胆尝试，勇于探索，自由发现；在真实的学习中，增长见识，砥砺智慧，自主发展。如此日积月累，慢慢地建构起一个属于儿童自己的认知结构——从简单的结构到复杂的结构，从本学科的结构到跨学科的结构，从书本的世界到真实的世界。

其实，问题与情境是紧密联系的，问题往往产生于情境。所以，要生成问题就得要把儿童置于真实的情境之中，让儿童沉浸其中，心游万仞，思绪飞扬。比如，在教学《祖父的园子》这篇课文时，可以这样来启发儿童生成问题："《祖父的园子》这篇课文选自萧红的自传体小说《呼兰河传》，著名作家茅盾先生是这样评价这部小说的：'它是一篇叙事诗，一幅多彩的风土画，一串凄婉的歌谣。'那么，对于茅盾先生的这番评价，你脑海中有没有冒出一些问题来呢？"如此创设情境，启迪了儿童的思维，生成了不少问题：《祖父的园子》描写的是怎样的一篇叙事诗，又是怎样的一幅多彩的风土画呢？为什么说《呼兰河传》是一串凄婉的歌谣呢？……这些源自儿童的问题能够引发儿童的阅读期待，直指萧红的心灵世界，使儿童在问题的驱动下，与文字对话，与萧红对话，进行思想的碰撞、情感的交流、语言的内化、智慧的生成。儿童带着这些自己提出的问题，潜心会文，学语习文，感受语言，体悟形象，真实的学习过程就能够自然地发生并且有序地展开。

（二）问学的基础：自主实践

以"活动"为载体的儿童问学课堂，把学习的过程寓于丰富多彩的活动之中。儿童的语文能力和语文素养是在识字与写字、阅读与鉴赏、表达与交流、梳理与探究等语文实践活动中形成和发展的。所以，儿童问学课堂尤为关注对儿童语文学习活动的精心设计和有效把控。维果茨基说得好："凡是没有自我运动的地方，那里就没有发展。"所以，儿童问学课堂中的"活动"就是为儿童创设形式多样的"自我运动"的方式，让儿童在情趣盎然的"自我运动"中自由游戏，大胆尝试，蓄积发展的能量。对于这样的"活动"设计要把握以下几个原则：一是要体现主体性，尊重儿童的主动精神，让儿童成为活动的主体，给儿童以更多的自我运动的时空，"凡是儿童能够探索出的，教师绝不替代；凡是儿童能够独立思考的，教师绝不暗示"（罗杰斯语），使儿童在富有活力的活动中享受学习。二是要体现学科性，恪守语文姓"语"不动摇，让学习语言文字运用成为语文实践活动的主旋律，使儿童在充满魅力的活动中砥砺智慧。三是要体现生长性，关注儿童的核心素养提升，使儿童在启迪心智的活动中得到发展。如此来设计"活动"，课堂自然就会成为儿童充满挑战的自我运动的学习阵地。儿童置身于这样的课堂情境之中，学习是自主的，思想是自由的，发展是自然的，过上的是一种多姿多彩的、有滋有味的学习生活，岂不快哉！

（三）问学的归宿：形成学力

从儿童立场出发，问学的价值追寻就在于让教学回归儿童，回归本源，使每一位儿童拥有能够适应终身发展需要的必备品格和关键能力。换言之，就是全力提升儿童的学习力。所谓必备品格，就是愿意并习惯用语文的方式做正确的事；所谓关键能力，就是善于用语文的方式做成事。所谓学习力，就是学习的动力、学习的毅力和学习的能力。其实，提升儿童学习力的核心是引导儿童从学会知识转向学会学习，从被动地"学习"转向主动地"问学"，再从"问学"走向"学问"，从而让每一位儿童能够拥有属于自己的学习力。正因如此，儿童问学课堂积极倡导和追寻以"活动激学"为旨归，让儿童在"问源""问流""问法"的实践中，提升"问"的品质，习得"问"的方法，生成"问"的智慧，并促使儿童在"自主探学""分享互学""优化练学""总结理学""多元评学"的过程中，强化儿童的"问"，深化儿童的"学"，在"问"中"学"，在"学"中"问"，在"问"与"学"的互动中，历练儿童的学习能力，砥砺儿童的学习智慧，最大限度地促进儿童的语文核心素养的形成和发展。

经典课例

《有你，真好》（统编版六年级上册）
教学实录

一·读出题目的温度

师： 同学们，我们的生活如阳光般灿烂美好。在美好的生活当中，总有一些人让我们心存感念，总有一些事情让我们心潮澎湃。每每想起这些人、这些事，你一定会发出"有你，真好"这样的感慨，读——

生： 有你，真好。

师： 这是一句发自肺腑的感慨，读——

生： 有你，真好！

师： 这是一句让人感到温暖的话语，读——

生： 有你，真好！

师： 这是一句充满着真情实感的语言，再读！

生： 有你，真好！

师： 同学们，"有你，真好"真是一句有温度、有故事的话。这个题目看起来简单，其实很有意味。这里的"你"是指什么？

生： 人。

师： 就是那个人，就是表达的对象。这个"真好"是指什么？

生： "真好"指的是一种情感。

师： 对了，就是抒发的情感。让我们饱含深情地再来读一读。

生： 有你，真好！

师： 再读。

生： 有你，真好！

师：此时此刻，读着这样富有温度、富有故事的话语，你想到了谁？或者说，此时此刻，这个"你"成了谁？提起笔来，把你想到那个人的名字或你对她（他）的称呼写下来。（生写名字）

师：此时此刻，这个人的名字从你的心中流淌到了纸面上。把这个人，放到题目中来读一读。你想到了谁？

生：李欣悦。

师：李欣悦是谁？

生：我的同学。

师：把李欣悦放到题目中读一读。

生：李欣悦，有你，真好！

师：还不够有感情。假如我就是李欣悦，你该怎么说？

生：（饱含真情）李欣悦，有你，真好！

师：谢谢！你想到了谁？

生：我想到了妈妈。

师：也带进去说一说。

生：妈妈，有你，真好！

师：其实面对妈妈，这个"你"是不足以表达情感的。想一想，该怎么来说？

生：妈妈，有您，真好！

师：真好！把"你"变成了"您"，就把你对妈妈的感情表达了出来。每个同学都把你写的那个人的名字或者你对他（她）的称呼，放到题目里，说一说。（生自由说）

师：此时此刻，那个人出现在了你的眼前，你想对他（她）说"有你，真好"。那你为什么觉得有他（她）"真好"呢？你能不能用一两句话来说一说。（指一生）你来说。

生：我想说，老师，有您，真好！因为老师把自己的毕生心血都花在我们身上，让我们成长、成才。

师：你说的老师是指某一个人，还是一群人？

生：我说的老师是我们班主任。

师：你们的班主任姓什么？

生：我们的班主任姓张。

师：那你把张老师放到题目中来说一说。

生：张老师，有您，真好！

师：张老师在他的心中是那么伟大，他情不自禁地发出了"张老师，有您，真好"的感叹。（指另一生）你愿意说吗？

生：张老师，有您，真好！因为您像妈妈一样关心着我们的生活和学习，陪伴着我们成长。

师：你也是讲张老师。看来，张老师在同学们心目中的地位真的很不一般。张老师是你们的班主任，教你们几年了？

生：三年。

师：三年的朝夕相处，建立了非同一般的感情。所以，你也不由自主地想到了张老师。

二·选出下笔的角度

师：同学们，你们之所以发出了"有你，真好"的感叹，一定是你与他（她）之间发生了一些让你难以忘怀的事情。那么，此时此刻，你想到哪些与他（她）之间发生的让你感触比较深的事情？请你用小标题的形式来列一列。（生列小标题）

师：小标题，言简意赅。谁来交流一下自己列的小标题？

生：我的《有您，真好》写的是外公。我列了三件事情，一件是我与外公比跳绳，一件是外公每天接送我，还有一件是外公教我写日记。

师：这三件事情表达了你对外公的真情实感。

生：我的《有您，真好》写的是妈妈。我准备写妈妈"陪我练习街舞"和"抚慰我的内心"这两件事。

师："抚慰我的内心"是因为什么事情？

生：我在街舞比赛中失败了，妈妈过来抚慰我的内心。

师：这样事情就清楚了。请同学们再来审视一下自己列的小标题，想一

想，这些事情当中最能触动你的，或者说你最想拿出来和大家分享的是哪件事情？请在这件事前面用五角星标注一下。（生思考标注）

师：标注好了，那请同学们聚焦这件事情，想一想最能触动你的这件事情的来龙去脉是什么，也就是这件事情的前因后果是什么。希望你们尽可能地去还原事情的过程。把这些梳理清楚，事情就具体起来了。（生静心思考）

师：谁来给同学们分享一下让你感触最深的事情？

生：我想给大家讲的是在一次考试的时候发生的事情。

师：你想说说谁"真好"？

生：我的一个朋友。

师：这个朋友是谁？

生：是我的同桌。

师：说说你们考试的时候发生了什么事情。

生：有一次考试，我忘带尺子了。我很着急。他就毫不犹豫地把尺子借给了我。他把尺子借给了我，我以为他还有尺子，就放心地拿了过来。结果他还要向别人去借尺子。

师：他把尺子借给你的那个情景，你现在记不记得？

生：我还记得他说："我这里有把尺子，借给你吧。"

师：你看，他说了这样的话，就毫不犹豫地把尺子递给了你。这样的事情怎能不让你感动！同学们，我们把这件事情的来龙去脉想清楚了。现在，可以假想这个"你"就站在你的面前，该如何来讲述这件事情呢？这里，我们不妨先来看看《少年闰土》中的一段文字。（PPT出示，生读。）

我于是日日盼望新年，新年到，闰土也就到了。好容易到了年末，有一日，母亲告诉我，闰土来了，我便飞跑地去看。

师：假如闰土就站在"我"的面前，想一想该怎么跟闰土说这番话？

生：我觉得，可以把闰土换成"你"来说。

师：你来试一试。同学们注意边听边体会，这样一换，带给你们什么样的感受？

生：我于是日日盼望新年，新年到，你也就到了。好容易到了年末，有一日，母亲告诉我，你来了，我便飞跑地去看。

师：他把"闰土"换成了"你"。听了之后有什么感觉？

生：这样一换，我感觉到"我"是用真诚的语言对着闰土说话。

师：你看，用"你"来说，闰土仿佛就站在"我"面前了。一起来把这段话中的闰土换成"你"来说一说，用心体会用第二人称"你"来表达的效果。

生：我于是日日盼望新年，新年到，你也就到了。好容易到了年末，有一日，母亲告诉我，你来了，我便飞跑地去看。

师：这么一读，你们感觉到用第二人称"你"来说的话，表达效果怎么样？

生：我感觉用第二人称"你"来说，感情更容易抒发。

生：我觉得非常亲切，把闰土当成了自己非常重要的一个人。

师：你们想想看，"有你，真好"，我们要对"你"说那件事情的时候，应该用什么样的话语方式来表达呢？

生：我们可以用第二人称"你"来表达。

师：这位男同学，请你用第二人称"你"把刚才那件事说一下。假如你的表达对象就是我，你会怎么说借尺子这件事？

生：那次考试，我忘带尺子了。我很着急。你就毫不犹豫地把尺子借给了我。你把尺子借给了我，我以为你还有尺子，就放心地拿了过来。结果你还要向别人去借尺子。谢谢你对我的帮助。

师：不用谢，帮助你是我最大的快乐！这件事情这么来说，就变得温馨起来了。同学们，现在清楚怎么来分享给你感触最深的那件事了吧？

生：清楚了。

三 · 写出场景的亮度

师：请同学们再仔细想一想，在这件事情当中，有没有让你们触动的场景呢？所谓的场景就是事情发展变化过程中瞬间的情景。我们来看一看几个场景。（PPT 出示，生读。）

深蓝的天空中挂着一轮金黄的圆月，下面是海边的沙地，都种着一望无际的碧绿的西瓜。其间有一个十一二岁的少年，项戴银圈，手捏一柄钢叉，向一匹猹用力地刺去。那猹却将身一扭，反从他的胯下逃走了。

师：这个内容熟悉吗？

生：熟悉，是《少年闰土》中的内容。

师：对，这是《少年闰土》的第 1 自然段。描绘的是一个什么场景？

生：描绘的是月下刺猹的场景。

师：自由读一读，看看鲁迅先生是怎样来描写这个场景的？（生自由阅读）

生：鲁迅先生在这个场景中写了闰土的外貌和动作。

师：好，我们来看，"深蓝的天空中挂着一轮金黄的圆月，下面是海边的沙地，都种着一望无际的碧绿的西瓜"，这写的是什么？

生：环境。

师："其间有一个十一二岁的少年"，这写的是——

生：人物。

师："项戴银圈，手捏一柄钢叉，向一匹猹用力地刺去"，这写的是什么？

生：闰土的动作。

师：也就是闰土刺猹的细节。由此来看，场景包括些什么？

生：环境，人物，细节。

师：其实一件事情发展变化过程中会有许多场景。关键的是，我们要去捕捉住那些场景。并能注意到把场景中的精彩细节定格、放慢、拉长，这样就会给人一种不一样的感受。我们再来读一读这段文字，体会这个场景的精彩。

生：（读）深蓝的天空中挂着一轮金黄的圆月……那猹却将身一扭，反从他的胯下逃走了。

师：同学们，第八单元的课文中有很多场景。我们再来看看《我的伯父鲁迅先生》中的一个场景。（PPT 出示，生读。）

- -

　　老实说，我读《水浒传》不过囫囵吞枣地看一遍……伯父摸着胡子，笑了笑，说："哈哈！还是我的记性好。"听了伯父这句话，我又羞愧，又悔恨，比挨打挨骂还难受。从此，我读什么书都不再马马虎虎了。

- -

师：这描写的是什么场景？

生：是谈《水浒传》这个场景。

师：你们觉得在这个场景当中，最能触动人心的是什么细节？

生：是鲁迅先生笑了笑说的那句话，这个细节对"我"的触动很大。

师：你把这句话读一读。

生：（读）"哈哈！还是我的记性好。"

师：同学们注意到鲁迅先生在说这句话时的动作细节没有？

生：当时，鲁迅先生是先摸了摸胡子，然后笑了笑。

师：你们看，"摸着胡子""笑了笑"，然后说了这番话。这些细节对作者周晔影响很大，所以，她有着这样的感受——

生：（读）我又羞愧，又悔恨，比挨打挨骂还难受。

师：这是她听了鲁迅先生这番话后内心的——

生：感受。

师：这种感受真切而又细腻。由此可见，细节虽小，但却有着撼人心魄的力量。那么，场景中的细节是什么呢？（PPT 出示，生读。）

场景中的细节可能是一连串细微的动作，可能是一两句温暖的话语，也可能就是内心的一种细腻的感受。

　　师： 在事情发展变化的过程中，如果我们抓住了场景，捕捉了细节，我相信，这件事情一定会在你的笔下熠熠生辉。可以这么说，没有精彩的细节，就没有精彩的场景。所以，写好场景的关键是什么？

　　生： 写好细节。

　　师： 细节是什么呢？请大家再读一读这句话。

　　生： （读）场景中的细节可能是一连串细微的动作，可能是一两句温暖的话语，也可能就是内心的一种细腻的感受。

　　师： 想想看，通过这两个场景的学习，对你写好那件事情中的场景有没有启发？

　　生： 有，要多写细节，把细节描写清楚。

　　师： 你要写的是一件什么事？

　　生： 暖心问候。

　　师： 谁的暖心问候？

　　生： 李欣悦。

　　师： 暖心问候，让你暖心的是什么？

　　生： 温暖的话语。

　　师： 那李欣悦说话时的神情、动作，你现在还记得吗？

　　生： 嗯。

　　师： 我相信，用文字写下来，一定会让读到你的文字的人感到温暖。同学们，此时此刻，那个人，那个事，那个场景，出现在你脑海里了吗？清晰了吗？好，清晰了我们就来写一写。（PPT 出示，生读。）

拿起笔，表达你真挚的情感，把你最有感触的场景写下来。写的时候，可以假想这个"你"就在眼前，你在用文字和他对话。

师：写什么清楚了吗？

生：写场景。

师：写好场景的关键要注意什么？

生：细节。

师：对于我们这次要写的习作来说，写好这个场景还要注意什么？

生：要用第二人称来写。

师：对，这个人就站在你面前，所以，我们要用第二人称"你"来写。注意到了这两点，就开始动笔写吧。（*生动笔写作*）

四·突出评改的维度

师：好，停笔吧。谁愿意给大家分享你写的那个场景？

（*生读习作*）

记得有一次，我在家里，当时放假了，我晚上睡得很晚，快要到中午了，我也没起来。然后妈妈在那边叫了我半天，我就动了一下身子，也没有起来。妈妈摸了一下我的头，发烫，我发烧了。然后，她就很着急地把我抱上了车，带我去了医院。等我烧退了之后，妈妈才松了一口气。

师：同学们，她的这个场景写得怎么样？请大家对照下面的标准来评一评。（*PPT 出示*）

项目星级		综合评定
表达	第二人称☆	
	事情具体☆ ☆	
	感情真挚☆ ☆	
书写	规范整洁☆	

生：她没有用第二人称来写。

生：我觉得，她的这个片段里面的场景都是一带而过的，事情没有表达具体，而且感情表达得也不是很真挚。

师：她只是简单地叙述了一件事。对于触动她内心的那个场景中的细节，她有没有把它定格、放慢、拉长？

生：没有。

师：这是你对她提的建议，如果做到把细节定格了，放慢了，拉长了，那么这件事情一定就具体了，感情也自然通过具体的细节描写而表达了出来。这些建议，你接受吗？

生：接受。

师：就是因为你没有做到这两点，所以，留下了一些遗憾。再去修改修改，好吗？再请一位同学来交流。

（生读习作）

- -

　　张老师，有您，真好。五年级的时候，我的成绩一直在下降，是您给了我帮助。上课时，您在我走神的时候叫我，是无心的，不过这对我十分有用。想当时，我在上课的时候，看窗外的小鸟飞，听楼下的笑声与叫声时，您忽然把我叫住，又把我拉回了课堂，我的成绩才被您这一叫，不降了，又上来了。

- -

师：你写的场景是你上课的时候走神了。这是在我们的学习生活当中，经常会遇到的场景。你觉得，在这个场景的描写当中，你最满意的是什么地方？

生：想当时，我在上课的时候，看窗外的小鸟飞，听楼下的笑声与叫声时……

师：这是你对外面的情景的描绘。同学们，你们听到他这个场景描写之后，有什么想问他的？

生：你为什么上课上着上着会走神了呢？

师：你刚才说了，小鸟的叫声，楼下的欢笑声吸引了你，这是不是你走神的原因？好，这是她的问题。还有同学想问他吗？

生：老师当时是怎么把你从那种状态当中拉回来的？是一句语言，是一串动作，还是其他什么？

师：这个问题问得好！你能回忆出当时张老师提醒你的情景吗？

生：老师突然叫我了，让我站起来回答问题。

师：你回答出来没有？此时张老师是怎么做的？同学们有什么反应？而这些恰恰是最关键的细节，你把它省略了，给大家留下了遗憾。还有什么想问他的？

生：为什么这里一叫，你的成绩就一下子上去了，感觉这一句话不是特别真实。

师：对啊，张老师的话真的这么神奇吗？你给同学们说一说。

生：张老师不止一次地叫我，经常会在我走神的时候，把我叫起来，提醒我认真上课，然后让我坐下。

师：说明张老师对你非常了解，知道你上课会开小差，所以经常提醒你。你写的是第一次提醒你的场景，是吧？

生：是的。

师：其实，这些也可以简单写一写，这样，他就不会有如此困惑了。这就提醒我们在写作文的时候，要把意思表达清楚，不仅要让自己明白，还要让别人理解。这也是表达的真谛所在。明白了吗？

师：刚才同学们提了这么多的问题，对你修改有没有启发？

生：有。

师：文不厌改，希望你能认真修改，把作文改精彩。再请一位同学来分享。

（生读习作）

- -

　　你是我最好的朋友，总能抚慰我的内心。一天下课时，我的头毫无预兆地痛了起来。那是一种怎样的痛啊！我痛苦地趴在桌上，我感到豆大的汗珠不断在往下滚落，你本来只是过来问我问题的，却惊讶地发现我的狼狈相："怎么了？"我想开口回应你，可是发现自己已经痛得说不出话来，每一个微小的动作都会加重这种疼痛。你立刻从后面的柜子上给我拿来了水杯，用自己的脸庞靠在杯口感受水的温度，立刻又去饮水机那儿帮我接了热水，匆匆递给我，你不知道那时的我对你有多感激。有你，真好！你看着我的脸色不对，又急忙去给我叫老师，老师出去开会了，你又跟我要了号码到传达室给我妈妈打电话。现在想想，那个课间你前楼后楼、楼上楼下地为我奔走，我真的不知道怎么感激你才好！

- -

师：这个场景写得怎么样？

生：一个字，好！

师：对照要求可以得几颗星？

生：我觉得，可以得6颗星。他用了第二人称来写，不仅把场景中的细节写了出来，还把自己的真情实感抒发了出来，书写也很认真。

师：如果大家同意他的意见就鼓掌通过。（生鼓掌）

师：时间过得很快，已经要下课了。同学们课后把这篇作文完整地写出来，然后用自己喜欢的方式，把这篇习作与文中的"你"分享。至于用什么方式来分享，由你自己定。比如，我们可以用手机拍成视频与文中的"你"讲述这件事，也可以把作文拍成照片传给他（她）看，还可以用写信的方式邮寄给他（她）看。不管用什么方式，只要能表达你的真情实感，只要能把你的心声传递出去，让他（她）感受得到就可以。明白吗？

生： 明白。

师： 同学们，美好的时光总是短暂的，和你们相处 40 多分钟，感觉很美好，这个时候，我要对你们说一句："六（4）班的同学，有你们，真好！"在我人生的这 40 多分钟当中，与你们相遇，我要深情地对你们说："有你，真好！"

- - - - - - -
名 师 评 析
- - - - - - -

儿童问学课堂，让习作真实发生

儿童习作的根，理应在童年生活之中，指向儿童的语言能力发展和精神成长。然而，儿童习作课堂中为什么有为数不少的孩子害怕写作文？为什么儿童对习作的持续兴趣很难保持？为什么儿童的习作创新能力不够？特级教师潘文彬先生抓住了这些问题的症结，将问学思想扎根于儿童习作课堂，让儿童的习作真实发生。他在执教统编语文六年级上册习作《有你，真好》一课时，真正从儿童习作需要出发，营造信赖共生的习作课堂氛围，构建自治互信的人际关系，立足真实问题的解决与探索，提升习作能力。

一·在儿童的已知与未知之间确立问题

观察课堂，我们需要追问：儿童的真实学习到底发生在什么时刻？儿童的习作过程，始于真正产生疑问。叶圣陶先生说："写东西总是准备给人家读的，所以非为读者想不可。"写作本应是"表达与交流的重要方式"，儿童习作也应该是沟通情感、传递信息的方式。但是在现实教学中，儿童习作往往丧失了应有的独特功能。潘老师则充分激发了儿童的读者意识，激发并引导他们向内发问，很好地解决了"为什么写"的问题。

在这堂习作课一开始，潘老师把握了本次习作题目"有你，真好"的情感温度，设计并展开了两个层次的教学。首先，激发儿童心中的感激之情，读好习作题目。正如潘老师所说，这个题目看似简单，其实很有意味。在师生自然对话中，儿童心中美好的情感很好地被调动起来，在已知与未知之间，慢慢触摸到习作题目中的情感和温度，自然地想到了具体的人，甚至是关于这个人的故事。接着，潘老师引导儿童把这个人的名字带入到习作题目中朗读，继续把他们的情感推向更深处。课堂中的教学细节很值得品味，当孩子把同学李欣悦的名字放到题目中朗读，情绪还不够饱满的时候，潘老师极其巧妙地追问："假如我就是李欣悦，你该怎么说？"当孩子说"妈妈，有你，真好！"的时候，潘老师智慧地追问："面对妈妈，这个'你'是不足以表达情感的。想一想，该怎么来说？"神奇的效应产生了，孩子心中想要表达的愿望产生了，朗读作文题目充满了热情和感激。显然，这是因为每个孩子心中都装进了想要交流和表达的对象，主动向自己发问：对于他（她），我心怀怎样的感情？这是习作课堂中的关键时刻：儿童习作的源动力产生了，推动着孩子进一步探索自己的内心世界。

二·在真实问题驱动之下自主解决问题

当孩子的内心产生疑问，习作活动就真正开始了。潘老师接下来的教学中，始终关注着儿童心中的隐含读者。这个隐含读者有同学、老师、父母等，面对不同的读者，儿童对"写什么"和"怎么写"的选择一定是不同的。那么，基于生活情境下的真实问题解决，就显得更加重要了。

当孩子发出了"有你，真好"的感叹之后，潘老师组织他们进行了问题探索活动：回忆自己感触比较深的事情，用小标题的形式列出来，然后再筛选出最能触动自己的那件事。此时，孩子们在一个个小标题背后看到的正是那些鲜活的故事，而故事中恰恰蕴含着他们和隐含读者之间的感情联系。潘老师的课堂实际情况也正是如此，每个孩子回想起的事情都很真实、丰富，而选择却各不相同。在此基础上，潘老师又引导孩子们回忆这件事情中最为突出的场景和细节，将儿童习作导向进一步明晰。

同时，在问题探索过程中，潘老师非常高明地借助经典文学作品引导儿童解决了"怎么写"的问题。精选《少年闰土》中饱含期盼之情的片段，潘老师请孩子们假想闰土就站在"我"面前，"我"该怎么跟闰土说。这个问题具有真实意义，它很好地引导着孩子们调整角色，进入情境，深刻体验，自然把握住了人称的变化，以及字里行间盼望见到闰土的强烈感受。同时，课堂中倾听的孩子也跟着转换角色，很好地发挥了读者的评价功能。因此，孩子们很快就实现了迁移，在问题解决过程中自主掌握了习作的方法，积极主动地尝试表达属于自己的感动。

三·在信赖共生的习作氛围中评价探索

潘老师的儿童问学课堂，还特别注重人际关系的构建。我们知道，习作教学中，还有一个亟须改变的问题是，不少教师在批阅孩子的习作时，往往只注意习作的语言表达是否达到教学要求，只是把习作当作练习运用语言表达的一次作业。长此以往，孩子习作时想的多是如何编写出老师满意的文章，投老师所好，而很少会思考怎样通过习作实现与读者的沟通与交流。而潘老师在这堂课的评改过程中，既有教师身份的对孩子书面表达能力、表达技巧的评论指导，也有读者身份的交流反馈和平等对话，教学效果明显不同。

例如，当一个孩子分享了自己上课走神被老师拉回课堂的场景以后，潘老师就没有直接作点评和指导，而是把这个熟悉的生活场景还原了。这个还原的过程很巧妙，它是通过潘老师一个艺术的引导实现的："同学们，你们听到他这个场景描写之后，有什么想问他的？"这个设计太好了！习作评改的教学过程形成了一个生活对话场，师生、生生之间在坦诚对话；同时，教师和儿童的角色切换非常自然。在这个富有张力的对话场中，儿童、教师，信赖共生，小作者自然会知道写作文时要考虑自己在跟哪类读者交流和倾诉，读者感兴趣的内容以及读者可以接受的表达方式是什么，进而会在后续的习作中自觉地关注隐含读者，发现问题，积极调动生活积累，主动修改习作，不断完善，并逐步提升习作评改能力，真正享受到习作的乐趣，获得持续习作的兴趣和动力。

这种正向的人际关系建立，促进着儿童对真实问题的探索，还拓展了儿童习作的渠道和方法，帮助儿童体会到习作的快乐，也使他们更好地投入到学习的过程中去。

（朱萍　江苏省特级教师）

第8讲 | 儿童问学课堂，彰显激活与回应的魅力

立德树人，是教育的使命和任务，其必然召唤着课堂教学的转型与迭代。在此背景下，我们致力于课堂教学的改革，探寻在语文教学中落实立德树人根本任务的路径和方式，进行儿童问学课堂的探究与实践。我们探究的儿童问学课堂有着以下特质。

一是指向核心素养的养成。儿童问学课堂，以"课程标准"为依据，以语文教材为载体，以学情状况为基点，为学生设计多样化的"问""学"活动，引导学生在潜心会文的过程中发现问题、提出问题和解决问题，在识字与写字、阅读与鉴赏、表达与交流、梳理与探究等语文实践活动中正确地理解和运用祖国的语言文字，生成关键能力、必备品格和正确的价值观。所以，儿童问学课堂，以立德树人为己任，无论是教学目标的设定，还是教学内容的确定，抑或教学策略的选择，都是指向语文核心素养的养成，都是为了实现以文化人、学以成人的目的。

二是把学生立于课堂中央。儿童是天生的好问者。在儿童的世界里，总是有着"问"不完的东西。"问"对于儿童来说，其本身就是一种极有价值的学习活动。儿童问学课堂，是把"问"的机会留给学生，鼓励和引导学生大胆地"问"，无拘无束地"问"，最大限度地尊重学生的"问"，让学生在"问"中"学"，在"学"中"问"，"问""学"相生相长，以改变教师在课堂上一"问"到底、包"问"天下的状况，真正让学生在课堂上既学会问，又学会答。因此，儿童问学课堂始终是把学生立于课堂的中央，尊重学生的主体性，激发

学习的主动性和创造性，让学生在课堂上能够想"问"想"学"，敢"问"敢"学"，会"问"会"学"，善"问"善"学"。

三是注重学习方式的转变。儿童问学课堂，尤为重视学生学习方式的转变，其课堂状态从静听式走向参与式，从印证性学习走向思辨性学习，从以教师的"教"为主走向以学生的"问""学"为主。因此，儿童问学课堂中的学习形态就从单纯性的、封闭式的应答活动转向富有综合性和挑战性的学习任务上来，且这种学习任务是与学生的最近发展区相贴近的，既充满游戏性，又具有探索性；既体现开放性，又注重合作性。从教学方式看，主要是采用启发式、讨论式、参与式、探究式等方式，为学生营造丰富多彩的课堂学习生活，做到"不愤不启，不悱不发"，让学生积极主动地"问""学"，乐此不疲地"问""学"，富有创造性地"问""学"。

四是追求学习的真实发生。儿童问学课堂，以学生真实的学习为核心，以语文核心素养的养成为追寻，从那种以简单识记、复述知识走向深层思考和深度学习，启发和引导学生在"问""学"的实践活动中，真实阅读，真实思考，真实发问，真实探究，真实合作，真实表达，真正学会解释、思辨、推理、验证、应用。故而，儿童问学课堂总是把着眼点放在创设和优化学生的课堂学习生态上，让课堂真正能够回归学习的本质，切实让学生在亲历学语习文的做事过程中，认识自我，理解世界，学以致用，提升语言智慧，丰富精神世界。

我们探寻的儿童问学课堂，激活与回应共舞，对话和生成齐飞，彰显出的是一种激活与回应的艺术魅力。课堂上，学生的思维被激活，他们积极思考，主动提问，快乐学习；对于学生的提问，教师要及时转化，合理利用，有效回应。那么，教师在教学中该如何来操作呢？下面，试以统编教材五年级上册《鸟的天堂》的教学为例，具体谈一谈。

一 · 质疑与提炼：建构话题

儿童问学课堂以真实的问题为基础，以生成有价值的话题为前提，并以此开启学生的思维，驱动学生的学习，拉动课堂的进程。那么，如何激活思维让学生质疑问难、建构话题呢？

一是可以在教学前，让学生通过"问学单"对学习内容进行预习并提出自己的问题。教师要充分把握学情，对"问学单"中的问题进行梳理，从中遴选出一些有价值的共性问题，提炼、形成一个能够达成教学目标的问题群或问题链，教学时就以此为基础，为学生设计丰富多彩的学习活动。比如，在教学《鸟的天堂》这课时，先让学生用"问学单"来预习课文，感知内容，质疑问难。在梳理"问学单"时，可以发现，在"问自己"中，大多数学生关注并提醒了"暇"的字形和写法，不少学生感觉把课文的静态描写和动态描写那几个自然段朗读好有一定的难度。在"问课文"时，学生的兴趣点基本集中在了清晨看到鸟儿热闹活动的那一自然段。在"问同伴"中，有学生问：巴金为什么要写《鸟的天堂》这篇文章？有学生问：大榕树为什么能成为"鸟的天堂"？还有学生问：课文后面的"阅读链接"为什么要安排巴金的《筑渝道上》的两段文字？……学生在"问学单"中呈现出来的这些内容，其实是很有价值的信息。根据这些内容，结合本单元的语文要素"初步体会课文中的静态描写和动态描写"，来进一步优化教学目标，精选教学内容，聚焦教学重难点，关注课后习题，为学生设计有意义的学习活动。在多元整合的基础上，建构了这样一个核心问题来展开整篇课文的教学：

课文分别描写了傍晚和早晨两次看到"鸟的天堂"的情景，说说它们有哪些不同的特点。

1. 默读课文，用心比较和发现，用笔勾画相关语句，写写批注。

2. 小组成员之间说一说，并读一读相关段落，然后在班级交流。

这是一个极具思维含量的开放性问题，在探究解决问题的过程中，可以把学生提出的那些问题融入其中，回应关切。如此设计，教学目标和内容就能够定向、聚焦，做到以简驭繁、以一当十。

二是在教学中，教师可以根据文本内容创设情境，引导学生自主探学，发现、提出问题，启发学生在对初拟问题尝试解答的基础上，能够进一步提出更新、更有价值的问题，并与学生一道梳理、整合需要解决的核心问题，以使教学目标能够定向、聚焦。当然，问题也可以由教师直接提出来，但以引导学生自主发现、提出问题为主，其目的在于培养学生的质疑问难能力。比如，在教学《鸟的天堂》时，学生在阅读批注、探究问题过程中又生成了一些颇有意思的问题。有学生问："第9自然段有一句话：'有许多鸟在这树上做巢，农民不许人去捉它们。'为什么农民不许人去捉它们呢？"有学生问："课文写的是'鸟的天堂'，为什么一开始（指5—8自然段）要对榕树描写这么多呢？"还有学生问："为什么题目是'鸟的天堂'，而不是'鸟的家'？'鸟的天堂'又是谁创造出来的呢？"不难发现，学生的思维是活跃的，是向四面八方打开的。其实，学生所提的这些问题，对于深入探究文本意蕴是极其有价值的。如此，就把儿童问学课堂的那种思辨性和开放性展现了出来。

　　需要强调的是，对于所建构的话题要以思辨性和开放性的问题或者师生共同认为需进一步探求的问题为主，要控制好"量"，拿捏好"度"，把握好"质"。

二 · 理解与发现：探究问题

　　"问"驱动"学"。在问题的驱动下，学生要与文本进行深入的对话，潜心会文，自主思考，主动探究，在文本中寻幽探秘，找寻解决问题的路径。需要提醒的是，在这个过程中，要充分体现学生的主体地位，尊重学生的主动精神，给学生更多的自主学习的时空，让学生能在问题的驱动下，走进文本深处，理解意义，分析问题，发现真谛。比如，在教学《鸟的天堂》时，学生在自主阅读"静态描写"那部分内容的过程中，多数学生勾画了"那是许多株茂盛的榕树，看不出主干在什么地方""真是一株大树，枝干的数目不可计数"等句子。但每一个小组成员勾画的语句不尽相同，这时就可以引导学生在小组内交流自己为什么要勾画这些语句，通过伙伴的相互启发，让学生对自己勾画的语句再次进行深入思考，并做批注。

在此过程中，有时还要能够根据文本的特点和问题的难易程度适时适度地开展小组合作学习或师生协作学习，帮助学生更深入地进行"问""学"活动，并能根据文本的内容、伙伴的意见对所探究的问题提出假设与猜想。例如，在小组内的第二轮探究中，有学生提出"大家勾画的都是一句一句完整的话，说起来有点笼统，可不可以找找里面的关键词来说明呢？"于是，同学们再次去审视自己所勾画的语句，进一步探讨"静态描写""静"在哪里。再次潜心会文，有的圈画出"伸"字，有的圈画出"卧"字。小组成员开始对这两个发现进行讨论：哪一个更能体现出"静"？为什么？

在如此循序渐进的探究中，学生在不断找寻化解问题的最佳路径，蓄积对话分享的能量与资源，为进一步"问学"奠基、蓄势。其实，在这个过程中，学生也会不断产生一些新问题，让其及时记录下来，以利于与同伴和老师进行交流探讨。而这，正是儿童问学课堂的魅力所在，"学"生成"问"。

三 · 表达与反馈：讨论问题

这是展开解决问题的实践活动，主要是引导学生在"理解与发现"的基础上表达、呈现问题解决的成果，以对学习的过程和方法、收获和困惑等进行交流、总结和反馈，并让学生审思"问学"的成效。在此环节，教师要尽可能让每一个学生都充分自由地表达。可以以小组为单位，在组内展开交流之后，或推举代表，或小组成员分工合作，在班级进行交流、汇报；也可以根据问题的难易程度安排不同层次的学生来交流、汇报。

比如，读，是儿童问学课堂的学习支架之一。好文自要朗声读。对于《鸟的天堂》这篇文质兼美的散文，只有通过声情并茂的朗读，才能体悟到文本深处那种独具特色的情趣和美感。所以，教学中，就把朗读寓于学生交流分享的过程之中，设计了两次"静态描写"和"动态描写"的对比朗读。一次是在学生理解和感受静态之美和动态之美之后，让学生通过朗读，将这种动静结合的美好画面读进心里；还有一次是在学生通过揣摩和发现"静态描写"和"动态描写"在遣词造句上的特色之后，让学生用不同的语气和节奏，将这种独具特色的语言文字读进心里。

　　需要指出的是，学生表达与交流之后，教师既要启发引导学生采用自评、互评或追问等方式对表达、呈现的学习成果进行适切的评价，又要及时对学生所关注的问题给予必要的回应，让学生对自己的学习过程和成果能进行合理反思和有效提升，使学习的知识系统化、学习的经验丰富化，既生成新的能力，又为探求新的"问"与"学"奠定基础。

四 · 拓展与提升：延展问学

　　语文教材中，课文是一间间房子，作者和编者已给这间房子装上了一扇扇窗户。语文教学如果只是让学生在这间房子里转悠，而不去发现与开启那一扇扇窗户，不去透过那一扇扇窗户去观察和发现窗外大千世界的美好，那就逼仄了课文的教学价值。所以，当学生驻足凝视了房子里的一切事物之后，还要引导学生站在那一扇扇窗口处，放眼窗外，开拓视野，凝神思想，发现新的问题。接受美学认为，文学作品因空白所导致的不确定性，呈现为一种开放性的结构，这种结构召唤着读者能动地参与进来，通过想象以再创造的方式加以接受。这种召唤结构，使得语文学习充满了无穷的艺术魅力，也使得儿童问学课堂熠熠生辉。巴金的《鸟的天堂》这篇经典之作就为学生呈现出一种开放性结构，它吸引着学生驻足凝视，享受美好，更召唤着学生推窗瞭望，心游遐思。

　　学习《鸟的天堂》之后，学生去阅读课后的"阅读链接"，通过比较，发现这个"阅读链接"与《鸟的天堂》所表达的思想感情是一致的。这也回应了那位学生之前所提的"课文后面的'阅读链接'为什么要安排巴金的《筑渝道上》的两段文字？"这个问题。于是，该生情不自禁地说，课后要把巴金的《筑渝道上》找来认真地读一读。有的学生说，课后要去研究巴金，多找一些巴金的作品来阅读；有的学生说，有机会一定要去"鸟的天堂"实地看一看；有的学生说，学了《鸟的天堂》，真正感受到人与自然和谐相处的美好，以及现在所提倡的生态文明的意义……如此，通过一篇课文的学习，为学生打开一片新的天地，把学生的"问学"视野由课本引向书本，由课内引向课外，从而使"问学"得以拓展与延伸，"学问"得以丰富与提升。

值得一提的是，以上四个环节，以驱动学生积极的"问学"为导向，以有效发展学生的思维为核心，帮助学生深度理解和灵活运用祖国的语言文字，培养创新精神和实践能力，提升核心素养。这是其一。其二，由于"问学"的偶然性与开放性，给教师的素养提出更高的要求。在课堂这个特定时空里，面对学生的"问学"，教师要能够结合教学目标和教学内容，密切关注并灵活掌握"问学"话题的延伸与转移、话轮的移交与获取、话权的掌控与授予等问题。教师只有具备了这样的即时调控能力，才能捕捉住课堂中的生成，对"问学"的推进作出有效引导，让学生的思维向着更深处漫溯。

经典课例

《鸟的天堂》（统编版五年级上册）
教学实录

一·回顾与交流：四时景物皆成趣，只因大爱流笔端

师：同学们，今天我们继续学习《鸟的天堂》这篇课文。齐读课题。
（生读）
师：还记得这篇课文是谁写的吗？
生：巴金爷爷写的。
师：那么，巴金笔下的《鸟的天堂》，给你留下怎样的印象？
生：巴金爷爷写的"鸟的天堂"是一个生机勃勃的地方。
生：《鸟的天堂》的字里行间有一种自然之美。

师：看来，巴金笔下的《鸟的天堂》，给我们带来了不一样的感觉，不一样的情趣。正如单元导语说的那样。读！

生：（读）四时景物皆成趣。

师：我们知道，巴金的《鸟的天堂》既写了傍晚时的"鸟的天堂"，也写了——

生：清晨时的"鸟的天堂"。

师：傍晚和清晨去"鸟的天堂"所看到的情景是不一样的。真可谓——

生：（读）朝暮情境亦有别。

师：巴金的《鸟的天堂》为什么会呈现出别样的情趣呢？我们来读读巴金曾经说过的话。

生：（读）我写作不是我有才华，而是我有感情，对我的祖国和同胞我有无限的爱，我用作品表达我的这种感情。

师：读了这句话，你们知道巴金是怎样来写这一篇《鸟的天堂》的吗？

生：我觉得，因为巴金对祖国和祖国的大好河山、对同胞有着无限的爱，这篇《鸟的天堂》也表达了他的这种感情。

师：也就是说《鸟的天堂》是巴金用情和爱写成的，所以，这是巴金的一篇经典之作。

二·探究与分享：朝暮情境亦有别，个中妙处自品析

（一）明确目标

师：我们知道，经典有经典的魅力，有很多地方值得我们揣摩品味。教材的编者为什么要把它放在第七单元呢？我们一起来读读单元导语中的这句话。

生：（读）初步体会课文中的静态描写和动态描写。

师：这就告诉我们《鸟的天堂》放在第七单元来学习，要让我们关注的是这篇课文当中的——

生：静态描写和动态描写。

师：请一位同学把这两个词语写在黑板上。（生板书）

师：字写得很漂亮！但是，在他写字的过程中，你们有没有发现什么问题？

生：他把提手旁的笔画写倒了。

师：请你课后去帮帮他把提手旁写正确。由此来看，这篇课文的静态描写和动态描写值得我们去学习、体会。就让我们带着这样的目标，再一次走进《鸟的天堂》这篇课文。那么，这堂课的主要学习任务是什么呢？自己读。（PPT出示，生读。）

- -

课文分别描写了傍晚和早晨两次看到"鸟的天堂"的情景，说说它们有哪些不同的特点。

1. 默读课文，用心比较和发现，用笔勾画相关语句，写写批注。
2. 小组成员之间说一说，并读一读相关段落，然后在班级交流。

- -

（二）自主提问

师：在阅读批注过程中，如果有问题，你就在旁边打上问号。批注完了之后，小组成员之间说一说，并且读一读相关的段落，小组之间自行展开交流。（生阅读批注，小组交流。）

师：大家刚才讨论得非常热烈。学贵有疑。你们在阅读批注的过程中有没有生成一些问题？所生成的问题，刚才在讨论过后依然是问题的，可以提出来。

生：第9自然段有一句话："有许多鸟在这树上做巢，农民不许人去捉它们。"为什么农民不许人去捉它们呢？

师：这是一个颇有意味的问题。请你在那个地方打上问号。还有什么问题吗？

生：我的问题是在5—8自然段。课文写的是"鸟的天堂"，为什么一开始要对榕树描写这么多呢？

师：是啊，作者为什么要花那么多笔墨来描写榕树呢？这是一个值得思考的问题。

生：我的问题也是在第9自然段。我们看这一句——"'鸟的天堂'里没有一只鸟，我不禁这样想"，再看第14自然段这一句——"那'鸟的天堂'的确是鸟的天堂啊"。我想问，这两段中作者的思想感情有什么变化？

师：你关注作者思想情感的变化，问题提得真好。

生：为什么题目是"鸟的天堂"，而不是"鸟的家"？"鸟的天堂"又是谁创造出来的呢？

师：同学们提的这些问题，或许在我们讨论交流的过程中就能够得到解决。希望同学们在接下来的学习过程中能关注刚才提的问题。

（三）自能解决

1. 动静结合

师：我们知道，作者两次去"鸟的天堂"，一次是傍晚去的，一次是清晨去的。那描写这两次看到的情景时有哪些不同的特点？

生：第一次写的是静态，第二次写的是动态。因为第一次写的是榕树的样子，第二次写的是那些鸟的动作和叫声之类的。

师：你概括得很准确。描写方法不一样。第一次去，写大榕树，是静态描写；第二次去，写鸟的活动，是动态描写。那么，大榕树给你的感觉是什么呢？（生说）

师：是的，大榕树非常大，而且舒适温馨。那么，这种温馨与美好是从课文的哪些词句当中流淌出来的呢？我们要去关注具体的语言文字。

生：我觉得第5自然段最能体现大榕树的美："一簇簇树叶伸到水面上。树叶真绿得可爱。那是许多株茂盛的榕树，看不出主干在什么地方。"这几句话写出了大榕树特别大，非常绿，十分茂盛，这样就可以引来更多的鸟居住。

师：你体会到了大榕树与鸟儿之间的关系，非常好。

生：第7自然段"真是一株大树，枝干的数目不可计数。枝上又生根，有许多根直垂到地上，伸进泥土里"这两句话，也充分地表现出榕树的大。这样壮观的大榕树，能让鸟儿们居住得非常舒适。

师：这种静态之美，你们都发现了吗？

生：我觉得，这种静态之美是一种优雅自然之美。

师：这里有一个字，把大榕树的那种静态之美充分表现了出来，而且写活了。你们发现了吗？

生：请大家看第7自然段的最后一句话："一部分树枝垂到水面，从远处看，就像一株大树卧在水面上。"我发现这句话中的"卧"把大榕树的静态之美写活了。

师：好一个"卧"字啊！能不能具体说说你的理解？

生：大树"卧"在水面上，"卧"字是躺下来睡觉，很安闲的样子，就像一个人在安静休息。所以，"卧"字写出了大榕树的静态之美。

师：是呀，大榕树的这种美丽就是这样从字里行间流淌出来的。还有要说的吗？

生：请大家看第8自然段："那翠绿的颜色，明亮地照耀着我们的眼睛，似乎每一片绿叶上都有一个新的生命在颤动。"我从"明亮地照耀着我们的眼睛"，看到大榕树翠绿的颜色，十分明亮。

师：说得很好！对于这句话的理解，同学们有没有要补充的？

生：我要补充的是，一般的树都是有点像那种葱绿色，特别深的那种颜色，但是这棵榕树是翠绿色的，显现出勃勃的生机。

师：这是充满着生机和活力的大榕树，所以，似乎每一片绿叶上都有一个新的生命在颤动。你们都关注到了吗？读！

生：（读）那翠绿的颜色……生命在颤动。

师：刚才，我们从字里行间感受了大榕树的静态之美。那么，动态之美又是从哪些词句当中流淌出来的呢？

生：请大家看第12自然段："接着又看见第二只，第三只。我们继续拍掌，树上就变得热闹了，到处都是鸟声，到处都是鸟影。大的，小的，花的，黑的，有的站在树枝上叫，有的飞起来，有的在扑翅膀。"这几句话让我想到了大榕树上有很多鸟，大小不一，五颜六色，非常热闹，而且这些鸟非常自由。

师：这么多的鸟儿在这株大榕树上生活得怎么样呢？

生：生活在大榕树上的鸟儿无拘无束，没有天敌威胁它们，生活得非常安心幸福。

师：好一个"安心幸福"啊！学到这儿，你觉得这里可以不可以称为"鸟的天堂"呢？

生：可以。现在，我知道为什么这个地方被称作"鸟的天堂"了，这个地方对于鸟儿们来说就是一个真正的天堂。用"家"不足以表现这种美好，"天堂"有一种比"家"更深的安稳和美好。所以，课文的题目叫"鸟的天堂"是很恰当的。

师：给他掌声！他的困惑，他的问题，在交流的过程中就这样自己解决了。这就是学习。下面，我请两个同学来把这两个部分朗读给大家听。语言是有形象、有画面的，其他同学闭上眼睛倾听，根据课文的描写去想象"鸟的天堂"的迷人景象。（*两生朗读课文*）

师：听了他们的朗读之后，你的脑海当中有没有出现一些画面？用一两句话把你脑海当中所出现的画面说给大家听一听。

生：我想象到的是那棵大榕树的树叶在随风摆动，就像一个个小精灵在欢唱，在舞蹈。

师：好美丽的意境！你真切地感受到了每一片叶子上都有新的生命在颤动。真好！

师：为什么会有如此美好的画面呢？

生：是因为"鸟的天堂"充满了生机，充满了美好，所以，让我想象到这么美丽的场面。

师：借用作者的一句话来说，那就是——

生：（*读*）那"鸟的天堂"的确是鸟的天堂啊！

师：同学们，读了这句话，你们有没有产生新的问题？

生：这一句中有两个"鸟的天堂"，为什么第一个要加双引号，第二个却不加呢？

师：这是一个非常有意思的问题。谁来说一说？

生：因为前面"鸟的天堂"指的是美丽的榕树，后面是指鸟儿生活的美好家园。

师：说得非常好！两个"鸟的天堂"的意蕴不一样，所以，第一个加了双引号。把这句话再读一遍。（**生读**）

师：刚才，我们是从内容上来看，找出了它的不同的特点。傍晚写树，主要是写它的静态之美；早晨写鸟，写出了它的动态之美。从全文来看，就呈现出了一种动静结合之美。

2. 远近结合

师：我们继续来看，这两部分描写还有什么不同的特点？比如说，描写大榕树的时候，是按什么顺序写的？

生：写大榕树的时候，作者是按照从远到近的顺序来写的。

师：你是从哪儿看出来的？

生："我们的船渐渐逼近榕树了"，我是从"渐渐逼近"看出来的。

师：请同学们把这四个字用着重号标一下。"渐渐逼近"，就表明了作者是按照从远到近的顺序来观察描写大榕树的。远看是它的整体，近看是它的部分。那描写鸟儿又是什么顺序呢？

生：我感觉是按时间顺序来写的。

师：从哪看出来的？

生：我是从第 12 自然段看出来的。这一段的第一句话是"起初周围是静寂的"，这里有"起初"，后面还有"后来""接着"，说明了是按时间顺序写的。

师：你看，这是第二个不同之处，写榕树的时候是按由远到近的顺序，写鸟的活动的时候——

生：是按时间先后顺序写的。

师：写树是按从远到近的顺序，由整体写到部分；写鸟的活动是按照时间的顺序，由起初的寂静，到后来的热闹。这也是一种不同的特点。

3. 点面结合

师：（出示第12、13自然段）我们继续看，还有什么不一样的特点？

生：我们先看第12自然段，"到处都是鸟声，到处都是鸟影"，这是说了全部的鸟儿。再看第13自然段，"一只画眉"，写的是一只鸟。

师：从写法的角度来看，这就是——

生：点面结合。

师：这是一种最常见的表达方法。

4. 长短句结合

师：（出示第7、8自然段）大家看，这是写树的，（出示第12自然段）这是写鸟儿活动的。再细细比较一下，还有什么不一样的特点？提醒大家要去关注遣词造句。

生："大的，小的，花的，黑的，有的站在树枝上叫，有的飞起来，有的在扑翅膀。"这是用排比的手法写出了这里的鸟有很多颜色、很多样子，还写出了它们的动作。

师：这样的句子，你读起来感觉怎么样？读一读，体会体会。

生：我感觉有一种跳跃的感觉，就好像看到鸟儿在枝头活蹦乱跳。

师：很有节奏，是不是？为什么这样的句子读起来会有强烈的节奏感呢？

生：我发现，大的，小的，花的，黑的，都是短句子。

师：你们再看看，描写大榕树的部分能找到类似的句子吗？

生：描写榕树的部分找不到这样的短句子，都是比较长的句子。

师：长句子，我们读起来是什么感觉？读一读，体会体会。

生：我觉得，长句子读的时候要缓慢一点，抒情一点，而读短句子，要活泼轻快一点，像跳跃一样读出来。

师：下面我再请两个同学来读这两个部分，把这种语言的美、语言的韵味、语言的节奏给读出来。（生读）

师：刚才，两位同学再一次给大家朗读了这两段文字，大榕树的那种美丽和"鸟的天堂"那种热闹的景象，仿佛就在我们眼前。我们再来读第9自然段，看看有什么发现和感悟。（生读第9自然段）

师：对于这一自然段，我记得有两个同学提出问题的。第一个问题是谁提的？

生：（举手示意）是我提的，为什么农民不许人去捉它们呢？

师：现在，你能回答这个问题吗？

生：因为这样的话可能会破坏生态环境，让这些鸟不在这棵榕树上面生活了，不会给人带来乐趣。

师：谁来补充？

生：因为农民很喜欢这种很美丽的景象，他们不想让人破坏这美丽的景象，所以不许人去捉那些鸟。

师：用现在的话来说，当地的人有一种生态保护的意识。"鸟的天堂"之所以能成为鸟的天堂，就是因为有当地农民的保护。你看，人与自然的和谐之美是不是表现了出来？还有补充的吗？

生：我认为农民不许人捉它们，还有一个原因。因为他们也想给鸟一个安宁的地方，给它们创造一个温馨的家园。

师：说得非常好！让它们有一种家的温馨感和安全感。所以，生态需要我们去共同守护。当地的农民就有这样的意识。这也是"鸟的天堂"能成为鸟的天堂的重要原因之一。

三·拓展与延伸：助学系统巧利用，读写思悟相融合

师：同学们，我们来看一看课后的"阅读链接"。请一个同学来读一读，其他同学一边听，一边联系课文思考，"阅读链接"与《鸟的天堂》这篇课文有什么关系？（PPT出示，生读。）

一片土，一棵树，一块田……它们使我的眼睛舒畅，使我的呼吸畅快，使我的心灵舒展。我爱这春回大地的景象，我爱一切从土里来的东西，因为我是从土里来的，也要回到地里去。

生命，无处不是生命。

——选自巴金的《筑渝道上》，有改动

师："阅读链接"与《鸟的天堂》这篇课文有什么关系吗？

生：我觉得这两段话表达了巴金对自然、对土地、对生命的热爱。它与《鸟的天堂》所表达的意思是一样的。

师：说得好！《鸟的天堂》所表达的意蕴是什么？

生：生命，无处不是生命。

师：所以，"阅读链接"所表达的思想情感与《鸟的天堂》所表达的思想情感是一致的。那就是——

生：生命，无处不是生命。

师：下面请大家根据课文内容，模仿巴金的这两段话，来写一写你学了《鸟的天堂》这一篇课文之后的理解和感受。（学生仿写）

师：下面请同学们来交流一下写的内容。

（生读）

一些鸟，一棵树，一片天……它们使大自然流通，使大自然快乐，使大自然茂盛。我爱这大自然的景象，我爱一切从大自然里来的东西，因为我是从大自然里来的，也要回到大自然里去。

生命，无处不是生命。

师：写得太精彩了！"我是从大自然里来的，也要回到大自然里去。"再请一位来交流。

（生读）

一只船，一株树，一群鸟……它们使我的眼睛明亮，使我的身体放松，使我的心情愉悦。我爱这美丽的南国的树，我爱一切自然的东西，因为我是在大自然中生长的，也要回到大自然中。

鸟儿，无处不在的鸟儿。

师：刚才，这两位同学通过模仿"阅读链接"，写出了他们对《鸟的天堂》这篇课文阅读之后的理解和感受，写得富有诗情画意。潘老师也写了一段话，谁来帮我念一下？

（生读）

一条河，一棵树，一群鸟……它们使我的眼睛舒畅，使我的呼吸畅快，使我的心灵舒展。我爱这美丽的南国的树，我爱这自由快乐的鸟，因为这里展现的是别有洞天的南国风光，跃动的是人与自然的和谐之美。

生命，无处不是生命。

师：我知道，我写的跟那两位同学写的有差距，但这是我真实的感受。你们感觉我写得怎么样？

生：（鼓掌）好！

师：谢谢同学们的掌声！同学们，今天我们带着一个目标——初步体会静态描写和动态描写，再一次走进《鸟的天堂》，感受到了"鸟的天堂"不一般的美丽，不一般的情趣！最后让我们再来深情地读一读——

生：（读）那"鸟的天堂"的确是鸟的天堂啊！

师：再读！（生读）

师：学到这里，我记得有一个同学问作者两次看"鸟的天堂"，作者的思想感情有什么变化。现在你能告诉他吗？

生：思想情感有变化。第一次看没看到一只鸟，有点失落。后来终于看到了无数的鸟，他从心里感受到活力，感受到美好。所以不禁这样想，"鸟的天堂"的确是鸟的天堂。作者感受到了祖国的风光和大自然中的美丽景象。

师：他第一次有点遗憾没看到鸟儿，其实鸟儿在树上干什么了？

生：栖息。

师：第二天早晨去，看到了那么多的鸟儿，那么热闹的鸟儿，那么自由的鸟儿，所以他情不自禁地发出了——

生：（读）那"鸟的天堂"的确是鸟的天堂啊！

师：其实，这里面还蕴含着作者的一种写作的奥妙，那就是娓娓道来，渐入佳境，欲扬先抑。同学们以后也可以用上这样的写法。

- - - - - - -

名 师 评 析

- - - - - - -

儿童问学课堂，激活与回应的艺术

如何在阅读教学中有效激活学生的思维，让阅读教学始终为思维和语言的提升服务？特级教师潘文彬先生《鸟的天堂》的教学，给我们的启发是：阅读教学不止是激活，更需要教师对学生思维进行积极回应。当学生的问题被充分关注和回应时，学生的语言才能更自然地建构与运用，思维才能更有效地发展与提升。

一·激活思维，让学习真实发生

激活是为了更好地帮助学生深入阅读思考、发现表达规律、建立整体联系、完善语言结构。

（一）用人文主题来激活思维

统编教材的阅读教学要把学习材料作为一个整体来思考，注重语文要素与单元课文之间的整体呼应，实现文本教学价值的最大化。《鸟的天堂》所在单元的人文主题是"四时景物皆有趣"。潘老师在出示单元导语后并非只让学生读读了事，而是在初读课文的基础上加以启发和引导，给这个单元导语对了一个下联——朝暮情境亦有别。这句下联更切合《鸟的天堂》的课文内容，也更能概括出文本给学生的第一印象。

（二）用语文要素来激活思维

《鸟的天堂》这篇课文所承担的单元教学任务是"初步体会静态描写和动态描写"的写法，潘老师不是只让学生简单关注单元要素的表述，他还让学生将"静态描写、动态描写"板书在黑板上。通过板书，将学习目标更深地印刻在学生的心里，这也是学生深入阅读思考的方向标，朝暮之景的区别，是不是就是动静的区别呢？除了动静的区别，还有没有其他的不同呢？为学生进一步走进文本的深处提供了可能性。

（三）用学生问题链来激活思维

潘老师的教学还给我一个强烈的感觉，在他的课堂上，提问是学生自我发展的需要，学生在学习过程中大多能提出自己最感兴趣的问题。我们从学生现场的大量提问就可以看出儿童问学课堂对学生产生的深刻影响。学生已经能用自己的思维去勾连课文内容与自己的生活经验，甚至是对人与自然关系的深刻思考，其内心的丰盈程度可见一斑。

二·回应关切，让学生自然生长

潘老师一直带领他的团队从事儿童问学课堂的实践研究。儿童问学课堂与传统课堂的区别在于，教学中的问题几乎来自学生自己。潘老师的课自始至终都在回应学生提出的问题，这就避免了一般课堂中零敲碎打的现象。

（一）对学生提问的全面回应

学生在课前或课中提出了很多问题，有的问题来自课文的题目，有的来自课文的关键句，有的来自对课文写法的思考，有的是对阅读疑难处的追问……那么，潘老师是如何回应学生的这些问题的呢？

1. 简单问题：小组讨论，自主解决

儿童问学课堂，学生带着问题走进课堂。这些问题有些是基础性问题，如某个字怎么读，写的时候要注意什么等，还有一些问题是理解性问题、表达性问题和实践性问题，如课文写了什么内容。教学中，潘老师让学生先在小组内交流自己提出的问题，在讨论交流的过程中解决问题。课堂上，教师舍得给时间让学生自己去发现、去交流，从而自主解决一些基础性问题，这是一种回应。

2. 深度问题：全班交流，自然领悟

对于一些相对有深度的问题，如"作者两次去'鸟的天堂'，一次是傍晚去的，一次是清晨去的。那描写这两次看到的情景时有哪些不同的特点？"等问题，学生是在阅读和交流中自然解决的。尤其是对"为什么题目是'鸟的天堂'，而不是'鸟的家'？"这一个问题的理解过程中，学生从提出问题到自然领悟，了无痕迹，浑然天成。

我们不妨回顾一下潘老师对这一问题的引导过程。潘老师并没有让学生直接从文中去找依据，而是从"动态描写"和"静态描写"入手，引导学生对文字进行审美认知。老师问："大榕树给你的感觉是什么呢？"学生说"壮观""温馨""美好"。老师接着问："这种温馨与美好是从课文的哪些词句当中流淌出来的呢？"学生说"'绿'得有活力""'卧'得很安闲"。老师问："动

态之美又是从哪些词句当中流淌出来的呢？"学生说"到处都是鸟声""到处都是鸟影"……老师问："鸟儿在这株大榕树上生活得怎么样呢？"学生说"无拘无束""安心幸福"。此时那名提出问题的同学突然站起来说"现在，我知道为什么这个地方被称作'鸟的天堂'了"，甚至是有些激动地说："这个地方对于鸟儿们来说就是一个真正的天堂。用'家'不足以表现这种美好，'天堂'有一种比'家'更深的安稳和美好。"这是儿童自己的语言，这是儿童自己的领悟。课堂上，教师顺着学生交流的方向步步引导，学生关心的核心问题的面纱一层层被掀开，师生的语言和思维交织着往前走，这也是一种回应。我觉得这样的教学引导实在是语文课堂教学的一种理想状态。这个过程看起来像是绕了一大圈，其实这一圈，是思维生长了一大圈。

3. 难点问题：教师点拨，自然突破

对于文中的有些难点，我们若是直接将它拿出来让学生讨论，往往生硬而效果不佳。潘老师在教学时，并没有刻意将这些难点直接抛出，而是将这些难点放在学生既有思考和领悟的基础上顺势提出，从而帮助学生找到了文章的表达密码。如，在学生已经理解了"鸟的天堂"的基础上，潘老师出示课文结尾处点题的句子——"那'鸟的天堂'的确是鸟的天堂啊"，问："你们有没有产生新的问题？"学生自然发问："这一句中有两个'鸟的天堂'，为什么第一个要加双引号，第二个却不加呢？"这样引导学生自我追问，自主思考，解决问题。语文是极具情感性的学科，承载灵动的思想、诗意的情怀，文字中裹挟着知识、技能、方法。因而，我们在深究遣词造句、布局谋篇时，要给学生足够的支架，引导学生在具体情境中体察感悟，引导学生在已有的学习成果基础上体察感悟。这就使得教学有了坡度，学生的思维有了深度。

（二）对统编教材编排意图的回应

统编教材中"课后习题"往往具有教学托底的作用，教材中的"阅读链接"往往能触发学生的思维联想。教学时，教师应充分关注并运用好这些教材资源。

1. 对"课后习题"的回应

关注课后练习，有时能帮助我们更好地找到知能训练点、生长点。课后习题：朗读课文，说说作者为什么感叹"那'鸟的天堂'的确是鸟的天堂啊"，对此，潘老师将这一练习与学生提出的问题作了一个整合，设计了思维提升的路径让学生充分去朗读、去思考、去想象、去发现，这是非常有效的整合和转化。

再如课后思考二："课文分别描写了傍晚和早晨两次看到'鸟的天堂'的情景，说说它们有哪些不同的特点。用不同的语气和节奏读一读相关段落。"潘老师不只让学生读出静态和动态描写相结合的特点，还引领着学生一路找到"远近结合""点面结合""长短句结合"等方法，对于课文中短短的几段文字，我们看到潘老师却在积极尝试让教材内容得到最大化的运用。

2. 对"阅读链接"的回应

统编教材有许多课文后面安排了"阅读链接"，那么，如何发挥"阅读链接"的教学价值呢？每一篇课文蕴含着特别丰富的情感，《鸟的天堂》也是，从一开始潘老师出示的"巴金的创作谈"开始，本文中包含的作者对于自然、对于祖国的浓烈的爱就已经给了学生一个感性认知，然后再经潘老师的精心引导与学生的熟读体悟后，学生与作者、与文本之间就更容易产生共鸣。当学生完全畅游并领悟了课文内容时，就难免会有很多的话想要表达。

如果在教学过程中直接让学生去仿写"静态描写"或"动态描写"的段落，不仅会阻扼学生的思维的连续性，还会让学生对于本单元的人文主题"四时之景皆有趣"有疏离感。我想，潘老师可能是在考虑到阅读、写作等关联性的同时，也重视了学生学习心理的规律性，让学生在最想表达的切入口表达，让学生在最想表达的时间点抒发。所以，潘老师让学生模仿"阅读链接"中巴金的《筑渝道上》中的片段来写一段话，抒发自己阅读后的感受，进行读写交互。通过练笔，还帮助学生复现了上课的思维过程，再到语言内容与课文主题的关系，最终使学生收获思维的发展和情感认识的提升，着实巧妙！

（时珠平　南京市语文学科带头人）

第9讲 | 儿童问学课堂，运用整合思维设计教学

　　儿童问学课堂，是语文课程最优化实施的课堂。我们知道，统编小学语文教材以"人文主题"和"语文要素"双线组元的方式进行编写。每个单元的"人文主题"打通了文本与文本之间的联系，使单元内的几篇课文组成有机的整体；"语文要素"点明了这个单元在语文知识、语文能力、语文方法以及语文习惯等方面要达成的目标。两者相互融合，相得益彰，促进儿童语文素养的形成和发展。从单元编排来看，单元导读，提出具体的"人文主题"和"语文要素"；课文，学习落实这些"人文主题"和"语文要素"；交流平台，总结提炼"语文要素"；口语交际、习作和词句段运用则是实践运用"语文要素"。这种双线组元的编写教材的理念，定然给语文教学带来崭新的变化，也给教师解读文本、设计教学带来全新的挑战。那种"只见树木，不见森林"式的教学已经不能适应这种变化的需要了。语文教师要与时俱进，改变习惯，确立"要见树木，更见森林"的思维方式，让语文教学从"一篇"走向"一组"，从"零碎"走向"整体"。

　　那么，这种"要见树木，更见森林"的思维方式是什么呢？加拿大学者罗杰·马丁教授提出的"整合思维"的思想，给儿童问学课堂的设计打开了思路和视野。整合思维是一种创新性思想，是指面对相互冲突甚至对立的模式时不是简单地进行选择，而是能够进行建设性的思考，创造性地解决彼此之间的冲突，形成一个既包含已有模式的某些成分但又优于已有模式的新模式。用整合思维来设计教学，是语文课程最优化实施的自然选择，是儿童问学课堂的设计

理念。因为单元的"人文主题"和"语文要素"的落实并不是孤立地进行的，而是相互依存、同生共构的。因此，在儿童问学课堂的设计中，教师是运用整合思维来善打巧打"组合拳"，精准把握单元的"人文主题"和"语文要素"，统筹安排，精准施策，并能以此来审视教材、解读文本，根据文本课型（精读和略读）、主要内容、篇章结构、语言特色等方面的特征，赋予每篇课文各有侧重的教学目标，从而形成一个循环叠加的单元整体教学目标"链"。并在此基础上，优化教学内容，精选教学策略，以通过单元整体教学，自然而然地把单元"人文主题"和"语文要素"落实在每篇课文的教学过程之中，融入到识字与写字、阅读与鉴赏、表达与交流、梳理与探究的语文实践之中，让儿童在单元整体学习的进程中，在丰富多彩的"问""学"活动中，潜心会文，深度思维，获得言语智慧的滋养和人文精神的熏陶。

首先，运用整合思维设计教学，是着力发展的整体性。这种发展的整体性，一是体现在儿童语文核心素养的整体发展，着眼于课内课外的整体推进，着眼于听说读写能力的整体培养，让儿童在纷繁复杂的语文天地中找寻到属于自己的学语习文的方法和路径，享受语文学习的快乐；二是体现在语文学习的整体性，关注各学段语文学习的整体性，关注各单元学习的整体性，用整合思维来设计教学，优化过程，以达成在整体观照下的稳步推进和协调发展。

其次，运用整合思维设计教学，要强化问题的统整性。儿童问学课堂是以问题为发端的学习，问题导引课堂的航向，问题拉动课堂的进程，问题驱动思维的发展。有了真实问题的驱动，语文学习才会真正发生。真实的问题，源于真实的语文情境，源于真实的学情状况，源于儿童对文本的真实的认知冲突；真实的问题，是贴近儿童最近发展区的问题，是最富思维张力的问题，是引发儿童运用心力主动探究的问题。真实的问题，不是零碎的问题，而是统整性的问题。真实问题的探究过程，不是将其拆分为若干个细小的问题来逐一解决，而是在保持问题的统整性的同时进行系统性思考，合理地把握整体与各个部分的关系，找寻最佳的解决方案。

第三，运用整合思维设计教学，应体现课堂的开放性。在整合思维视域下儿童问学课堂是打开的，儿童的思维是自由的，是向四面八方打开的。儿童问学课堂中的语文学习活动不是简单的线性推进，而是一种任务驱动下的立体多维和互动生成的"问""学"活动，是一种充满个性活力与思维张力的语文学习活动，是一种负重前行让大脑流汗的探索实践。

那么，儿童问学课堂如何用整合思维来设计教学呢？下面以统编版小学语文教材六年级下册第五单元为例，具体谈一谈。

一 · 教学目标的整合性

布鲁姆说："有效教学，始于期望达到的目标。"儿童问学课堂有着明确而具体的教学目标。其对于教学目标的确立，除了注重人文性和工具性目标的整合之外，还从以下几个维度来整合，从而实现教学效果的最优化。

（一）基础目标的落实

强基固本，是儿童问学课堂的基础目标和保底工程。所以，对于诸如识字写字、阅读理解、朗读感悟等最基础的东西在儿童问学课堂中非但没有丝毫怠慢，反而重视有加。比如，本单元中就有"援""蕊""脆"等 24 个汉字需要儿童练习书写，这种写字的基础性目标是要在单元整体教学过程中得以落实的。当然，这种目标的落实，还要体现年段的特点，要充分发挥儿童的主观能动性，力求让儿童通过自己的主动学习，把每一个汉字写正确、写美观，且有一定的速度。

（二）核心目标的实现

"人文主题"与"语文要素"是每个单元的核心教学目标。本单元的"人文主题"是"科学发现的机遇，总是等着好奇而又爱思考的人"。"语文要素"一是"体会文章是怎样用具体事例说明观点的"，这是指向阅读的目标；二是"展开想象，写科幻故事"，这是指向写作的目标。这些就构成了本单元的核心教学目标。这些目标的实现，要融入到单元整体教学之中，分解在每篇课文的教学之中，落实在识字与写字、阅读与鉴赏、表达与交流、梳理与探究的语文实践之中，整体提升学生的核心素养。

（三）单篇目标的达成

每一篇课文都拥有自己独具特色的语言范式，都是独特的"这一个"，而这恰恰是文本的教学价值所在。一个单元内的几篇课文在落实单元"人文主题"和"语文要素"时都有其明确的定位，都承担着具体的任务，构成了一个和而不同的教学目标"链"。所以，在单元整体教学中，要用好独特的"这一个"，真正让单元内的每一篇课文都产生最大的教学价值，让单元的核心目标能够在单篇教学目标达成的过程中得到有效落实。

儿童问学课堂，从这三个维度来整合教学目标，就是在变和不变当中寻找语文教学的切入点、平衡点和儿童发展的着力点、生长点，使单元整体教学能够做到精准定位，科学施策，彰显出每篇课文的价值与张力，让基础目标、核心目标和单篇目标协调统一，相融相生，切实提高课堂教学效益。

二·教学内容的精准性

一个单元的教学内容，绝不是单篇课文教学内容的简单累加；一篇课文的教学内容，也绝不是等同于课文表达的内容，而是要依据课程标准、单元任务、文体特质、儿童学情等方面的要求进行合理取舍，精当开发，科学整合。如此来优化教学内容，就会有效地避免教学内容的泛化。对于教学内容的优化和整合，以下两点至关重要。

（一）基于教学目标精选教学内容

儿童问学课堂，是以"人文主题"和"语文要素"为统领，并以此为依据来精当取舍和整合教学内容，实施精准教学，扎实有效地用好每一篇课文，最大限度地发挥课文作为例子的作用，让儿童在理解和体会独特的"这一个"的过程中感受和发现别样的"这一类"，丰富和发展儿童的语言经验和智慧。

本单元围绕"科学精神"这个主题编排了《文言文二则》《真理诞生于

一百个问号之后》《表里的生物》《他们那时候多有趣啊》四篇课文。这些课文，有的是对自然现象的独特认识和解释，有的是对日常生活司空见惯的现象或身边的事物展开的探究，有的则是对未来科技展开的奇特想象，呈现了人们不同的思考和探索。本单元的语文要素是"体会文章是怎样用具体事例说明观点的"，围绕这个要素，四篇课文作了有层次、有梯度的安排。如何把这种科学精神和语文要素落实到位，这就要对教材的内容有一种取舍的胆识和智慧，合理重组教材，做到有所为，有所不为。

当然，对于教学内容的选择，还得关注课后的习题和相关的阅读提示。比如，《文言文二则》这篇课文后面有这样的一道题目："在《两小儿辩日》中，两个小孩的观点分别是什么？他们是怎样说明自己的观点的？"这个问题直指单元的语文要素，为本课教学指明了方向，确定了内容。再如，《真理诞生于一百个问号之后》这篇课文后面有这样两道题目："为了证明自己的观点，作者列举了哪几个事例？每个事例是按照怎样的顺序写的？""仿照课文的写法，用具体事例说明一个观点，如'有志者事竟成''玩也能玩出名堂'。"这两道题目，也是指向单元的语文要素，其目的是引导儿童理解和感悟作者的观点，读中悟写，领会作者是怎样有序组织事例证明观点的，并能够从读到写，尝试运用具体事例来说明一个观点。所以，这两道题目定向聚焦了本课教学内容的重点。

（二）基于学情状况精选教学内容

教学内容的优化和整合要基于儿童的学情。儿童问学课堂把握学情时：一是对于那些重要内容，要考量儿童是否喜欢，如果不喜欢，则要使他们喜欢才行；二是对于那些重要内容，要考量儿童能否读懂，倘若读不懂，则要使他们读懂才行；三是对于那些重要内容，要考量儿童能否读好，假如读不好，则要使他们读好才行。这样来优化和整合教学内容，就有了儿童的立场，就把握住了学生的基础与发展之间的关联性，使得取舍和整合的教学内容能够贴近儿童的"最近发展区"，更好地促进儿童的发展。

三 · 教学策略的适切性

儿童问学课堂是用语文的方式来展开的，让语文成为语文。所谓语文的方式，简单地说，就是"读""思""品""悟""议""说""写"等方式，这些都是一些最为朴素的语文实践方式。儿童问学课堂就是善于合理运用这些作为支架来引导儿童质疑问难，潜心会文，咀嚼涵泳，进行实实在在的语文学习。值得一提的是，儿童问学课堂所运用的方法和策略以激活儿童的认知冲突和探究欲望为目的，让儿童在"问""学"相生的实践中能够以身体之，以心验之，以情悟之，以行践之，在切己体察中生成经验，获得智慧。适切的教学策略是具有启迪思维的张力的，所以，儿童问学课堂对教学策略的选择关注到了以下几点。

（一）拿捏好共性与个性的关系

语文姓"语"，理解和运用国家通用语言文字是语文学习的基本任务，而这个任务通过一篇篇课文的学习来完成。然而，每篇课文都是独特的"这一个"。因此，在选择教学策略时，要拿捏好学习语文的共性和学习课文的个性的关系，使教学策略更具针对性。比如，文言文的学习就有其共性的方法，这就是能借助注释和工具书理解基本内容，能通过诵读和想象来体味作品的情感。这些普适性的方法在教学《文言文二则》这篇课文时肯定要运用。但是，对于《文言文二则》的学习，还要有其个性的方法，这就是通过潜心会文、比较发现等方式来体会蕴藏在故事当中的道理及其是怎样说明道理的。如此，把共性的方法与个性的方法有效地整合起来，儿童所得自然就会扎实而灵动起来，教学效益自然就会提高。

（二）把握好精读与略读的差异

统编小学语文教材每个单元都有精读课文和略读课文。那么，精读和略读的差异在哪里呢？叶圣陶先生曾说过："精读的时候，教师给学生纤屑不遗的指导，略读的时候，更给学生提纲挈领的指导，其目的唯在学生习惯养成，能够自由阅读。"由此可见，精读和略读都需要教师的指导，但是指导的分寸不一样，指导的方式方法不一样，精读的指导要纤屑不遗，而略读的指导则要提纲挈领。所以，从精读到略读是一个由扶到放的过程，是一个由学到用的过程，是一个循序渐进地实现自能读书的过程。

精读课文后面的习题和略读课文前面的阅读提示，都属于助教导学的系统。它们不仅告诉教师应教些什么，儿童该学些什么，甚至还提示了教师该怎么来教，儿童应怎么来学。所以，关注和研究这些内容，就能从中获得一些教学的启发和智慧，找寻到较为适切的教学策略和方法。比如，仔细研究《真理诞生于一百个问号之后》这篇课文后面的几个习题，不仅能知晓编者的意图，还能捕捉到教学这篇课文的思路和方法，这就是"默读课文""想想""说说""仿照课文的写法"等方式。用这些方式来学习，既简便又高效。这是其一。其二，要关注精读课文和略读课文的体裁和内容，并能将其与单元的"人文主题"和"语文要素"勾连起来，做到既有侧重又有联系，自然而有效地将识字与写字、阅读与鉴赏、表达与交流、梳理与探究等语文实践有机整合起来，以循序渐进地达成目标，促进儿童的发展。

（三）处理好阅读与表达的互联

语文学习离不开阅读与表达。阅读是吸纳，表达是倾吐。教学策略的适切性还体现在语文教学中能够处理好阅读与表达的关系，选择适切的教学策略引领儿童从阅读中学习表达，在表达中提升素养，同步推进阅读与表达能力的发展。本单元的语文要素，从阅读的角度讲是"体会课文是怎样用具体事例说明观点的"，从表达的角度讲是"展开想象，写科幻小说"，阅读与表达的关系非常紧密。比如，《真理诞生于一百个问号之后》这篇课文就安排了一个小练笔，让儿童从阅读中学习表达，迁移运用，提高儿童的阅读与表达能力。

其实，每个单元的教材都为儿童设计了丰富多彩的语文实践活动。儿童问学课堂重视利用教材资源，选择适切的教学策略，实现阅读与表达的互联互动，促进儿童在"问"与"学"的阅读实践中由读到写，由仿到创，说写融合，夯实基础，提升儿童的语文核心素养。

作家海明威说："冰山运动之所以雄伟壮观，是因为它只有八分之一在水面上。文学作品中，文字和形象是所谓的'八分之一'，情感和思想是隐藏在水面下的'八分之七'。"儿童问学课堂之所以具有思维的活力，是因为它追求教学目标、教学内容、教学策略三者之间的有效整合、协同作用，授之以渔，让儿童在"问""学"实践中，不仅拥有理解和感悟"冰山露在水上的八分之一"的能力，更能获得自主探寻"隐藏在水下的八分之七"的智慧。

- - - - - - -

经 典 课 例

- - - - - - -

《表里的生物》(统编版六年级下册)
教学实录

一·理解故事，感受形象

师：同学们，这节课我们继续学习第 16 课。齐读课题。

生：表里的生物。

师：还记得这篇课文讲了一个什么故事吗？

生：这篇课文讲了"我"想要看父亲的表里是什么生物在发出声音，父亲满足了"我"的好奇心，告诉"我"表里有一只蝎子，"我"信以为真，见人就说。

师：好的。这是一篇很有意思的回忆性文章，是一篇充满着儿童生活情趣的文章，也是一篇耐人寻味、给人启迪和思考的文章。在这篇课文中，"我"这个可爱的孩童形象跃然纸上。那么，你们觉得，文中的"我"是一个怎样的孩子呢？下面请大家完成第一个学习任务。(**PPT 出示，生读。**)

- -

"我"是一个怎样的孩子？如果让你用一些词语来概括，你会选择些什么词语呢？浏览课文，把你脑海中闪现出来的词语写在课文的相应的语句或者段落的旁边。

- -

师：明白这个任务了吗？好，现在就开始吧。（生阅读批注）

师：文中的"我"是一个怎样的孩子呢？

生：从第9、10自然段看出，"我"是一个好奇心很强的孩子。

师：请你把"好奇心很强"这个词语写在黑板上。"我"是一个怎样的孩子？说不一样的。

生：从第17自然段中，我感觉到他还是一个淳朴天真的孩子，因为"蝎子是多么丑恶而恐怖的东西，为什么把它放在这样一个美丽的世界里呢？"他的这种想法很天真，觉得表里是一个美丽的世界，而蝎子是丑恶而恐怖的，不应该和这个美丽的世界相配。

师：好一个"淳朴天真"！把这个词语写到黑板上。还有吗？说不一样的。

生：他是一个爱动脑筋思考的孩子。我是从课文第9自然段"我想：表里边一定也有一个蝉或虫一类的生物吧，这生物被父亲关在表里"中看出来的。

师：好一个爱思考的孩子！去写在黑板上。还有吗？说不一样的。

生：请大家看第1自然段，他举了很多例子，去证明发出声音的东西都是活的，这表明他是一个善于观察、善于思考的孩子。

师：请你把"善于观察"写下来。同学们说得非常好，一个活泼泼的孩童的形象，已经出现在黑板上了。还有什么不一样的要说吗？

生：从第10自然段的第一句话，我觉得他还是一个很听话、很懂事的孩子，因为他虽然很想知道表里是什么，但是他听爸爸的话，尽管心里很痛苦，但没有去动。

师：听话懂事，我觉得，他的理解有道理。还有吗？说不一样的。

生：第11自然段："蓝色的、红色的小宝石，钉住几个金黄色的齿轮，里边还有一个小尾巴似的东西不停地摆来摆去。"我从这里看出这个孩子是富有想象力的，把表里摆来摆去的东西想象成动物的小尾巴。

师：好一个富有想象力的孩子啊！请把"富有想象力"这个词语写到黑板上。还有吗？

生：我觉得，他还是一个求知欲旺盛的孩子。他问父亲："为什么还蒙着一层玻璃呢？"父亲回答："这就是叫你只许看，不许动。"他还继续追问：

"为什么呢？"他就是这样不停地问父亲，想知道为什么要蒙着一层玻璃。

师：求知欲望很强，这就是孩子的心理。请把这个词语写下来。通过大家的交流，一个立体的孩童形象出现在我们的眼前。请看黑板，这就是同学们眼中的"我"的形象。读——

生：（**读**）好奇心强、富有想象力、求知欲旺盛、淳朴天真、爱动脑筋思考、善于观察、听话懂事。

师：由此看来，"我"是一个立体而丰满的孩童形象。

二·发现特别，质疑问难

师：这篇课文通俗易懂，对于即将小学毕业的你们来说，对这篇课文内容的理解、形象的感悟，其实并没有什么难度。但是，这篇课文在编排的位置上却比较特殊，不知你们发现了没有。请同学们翻看一下前面的"目录"，或许你们能从这篇课文编排的位置上发现它的特别之处。

生：这篇课文是我们这册书上的最后一篇精读课文。

师：是呀，从理解内容、感受形象来看，这是一篇通俗易懂的课文；而从课文编排的位置来看，它却是小学阶段的最后一篇精读课文。对此，你们的脑海中有没有产生什么问题或者疑惑呢？问题总是等待着那些充满好奇和热爱思考的人。

生：我的问题是，这么简单的课文，我们可以很容易地了解人物形象，为什么要作为小学阶段最后一篇精读课文来学习呢？

师：好的。这是他的问题，其他同学有没有跟他一样产生这样的困惑？
（**生点头表示同意**）

师：教材编者为什么要把这篇通俗易懂的课文作为小学阶段的最后一篇精读课文来让我们学习呢？这是一个颇有意思的、值得玩味的问题。就让我们带着这样的疑问来探究其中的奥秘。好不好？

生：好。

师：我们不妨再来读一读单元导语中的这一句话。（**PPT 出示**）

生：（读）体会文章是怎样用具体事例说明观点的。

师：读了这句话，你们应该明白了这篇文章放在这里让我们学习什么。再读一遍。

生：（读）体会文章是怎样用具体事例说明观点的。

师：那么，针对《表里的生物》这篇课文，你从这句话中又产生了什么问题呢？

生：这篇课文到底是说明什么观点？

师：这里有个"观点"，那《表里的生物》这篇课文到底要说明一个什么观点？这是一个问题。

生：这篇文章是怎样用具体事例说明观点的？

师：这句话中，还有一个关键词不知你们关注到了没有。

生：我关注到了"具体事例"这个词。

师：那具体事例是什么呢？大家清楚了没有？如果我们把这些问题弄明白了，那么，文章是怎样用具体事例来说明观点的，这个问题就会迎刃而解。

三·潜心会文，循问而学

师：就让我们带着这样的思考，来看文章要表达的观点是什么。请浏览课文，把文章要表达的观点用横线画出来。（生浏览勾画）

生：文章要表达的观点在第1自然段："我那时以为凡能发出声音的，都是活的生物。"

师：同意吗？我们一起来读读这句话。

生：（读）我那时以为凡能发出声音的，都是活的生物。

师：这是一个充满想象力的很有意思的观点，也许只有孩子才会这么想。读——

生：（读）我那时以为凡能发出声音的，都是活的生物。

师：任务来了，下面请大家完成第二个学习任务。请一位同学把学习任务给大家读一读。（PPT 出示，生读。）

课文是怎样用事例来说明这个观点的呢？默读课文，边读边思考，勾画出相关的语句，并做简要批注，再和同学交流自己的看法。

师：明白这个任务了吗？（生默读圈画批注）

师：其实，每篇文章都有它的独特之处，每篇文章都是独特的"这一个"。刚才，同学们在默读课文的时候，在圈画批注的时候，有没有发现这篇文章的独特之处？这个很重要。我看，举手的人越来越多了。那作者是怎样用具体的事例来说明这个观点的呢？

生：也是在第1自然段："早晨有鸟叫得很好听……那是一个盲人在弹。"我刚刚读的这段话，全是作者当时平日里接触到的，因为他生活在一个小城里，城里没有工厂，他平时接触到的能发出声音的东西，都是活的，自己会发出声音，或者是人为的。所以，作者就觉得凡能发出声音的都是活的生物。

师：父亲的怀表能发出声音，一定有一个活的生物在里面。那"我"是怎么一步一步地来证明表里有一个活的生物这个观点的呢？在学习的过程中，你们有没有发现文章有一些特别的地方？

生：我发现父亲老是说什么"只许听，不许动""只许看，不许动"之类的话，"不许动"在课文中出现好几次。

师：这是一个了不起的发现。你们看（PPT出示），文中有这样的几个地方写到了父亲的语言或者说父亲与"我"的对话，这些语言描写的特别之处刚才那位同学已经提示我们了。谁来读读第一处对话？（生朗读）

师：同学们，怀表在当时是极其珍贵的东西。那么，从这次对话中，你们有什么感悟和发现？

生：因为怀表很珍贵，父亲怕"我"把怀表动坏了，所以反复强调"不许动"。

师："我"是怎么做的？读——

生：（读）我一边说一边向着表伸出手去。

师："我"是多么迫切地想把表拿过来看啊！但父亲是怎么做的？读——

生：（读）父亲立刻把我的手拦住了，他说："只许听，不许动。"

师：停了一会儿，他又添上一句。读——

生：（读）小孩儿不许动表。

师：就这样一个想动，一个却不让动，这就构成了一种矛盾冲突。第二处这些话语是父亲在什么情况下说的？

生："父亲也许看我的样子太可怜，也许自己有什么高兴的事。"这里的两个"也许"，表明这只是"我"的猜想，反正这次是父亲主动让"我"看的。

师：所以，有一个表情不知你关注到没有。

生：有一个"笑"，这一"笑"意味深长，既表明父亲的和蔼可亲，也表明父亲很乐意满足"我"的好奇心。

师：尽管这次是父亲主动让"我"看，但是也没有忘了说一句，读——

生：（读）只许看，不许动。

师：第三处父亲的话又是在什么情况下说的？

生：是父亲回答"我""为什么还蒙着一层玻璃呢？"这个问题时说的。

师：父亲怎么回答的？读——

生：（读）这就是叫你只许看，不许动。

师：我们在阅读文章的时候就要关注这些特别的地方。同学们，这几处的"不许动"只是简单的重复吗？其实，特别的语言有着特别的意味，或者说有着特别的用意。下面请三位同学来把这三段文字给大家读一读，大家体会一下这些特别的语言当中到底蕴含着怎样特别的意味？（生朗读）

师：这几处"不许动"只是简单的重复吗？

生：我觉得，这几处"不许动"更加引起了"我"的好奇心。

生：就这一次一次的"不许动"，激起了"我"的好奇心。父亲越是不让"我"动，"我"就更想去动，推动了故事情节的发展。

师：推动了故事情节的发展，这是一个了不起的发现。小孩子就是这样，越是不让动，越是产生强烈的好奇心，这就把故事向前推进了，一波三折，引人入胜。如果再换个角度来看这几处"不许动"，你们又有什么发现呢？

生：我觉得，这几处"不许动"一步一步地佐证了"我"的观点，因为表里有一个活的蝎子，一动就蜇人，所以父亲才不让"我"动的。

师：是啊，课文就是以此为线索，层层推进，水到渠成地把"我"的观点表达了出来，而且求证的过程充满着童真童趣。再看，从这几个"不许动"中，你们看出了父亲是一个什么样的人？

生：我觉得，父亲是一个了解"我"、尊重"我"的人。他知道表里面是什么，但是他还是同意"我"的观点，告诉"我"里面是一个小蝎子，保护"我"的想象力和好奇心。

师：此时应该有掌声。（生鼓掌）

师：在这个过程中，同学们有没有发现父亲的变化？这个很重要。

生：一开始是"我"要看，后来父亲主动给"我"看了。

师：从这个变化的过程中，你们能悟出什么？

生：父亲可能觉得"我"有好奇心是很好的，所以才这么做的。

师：是的，对"我"的这种好奇心要加以保护。

生：父亲在一步一步地在激发"我"，引导"我"，让"我"始终保持一种探索的欲望。

师：听你这么一说，原来父亲很懂得教育孩子的艺术。所以，特别的语言有着特别的意味。阅读就是这样充满着"横看成岭侧成峰"的乐趣。下面请几位同学分角色把这几处对话给大家读一读，体会其中丰富的意蕴。（分角色朗读课文）

师：刚才我们体会了这篇课文中对话描写的独特意味。那这篇文章还有什么特别之处呢？

生：我们发现这篇文章中有许多生动的心理描写。

师：大家有没有发现这个特别之处？生动细腻的心理描写是这篇课文的又一个特别之处。下面就请大家来完成第三个学习任务。（PPT 出示）

- -

　　课文对"我"的心理活动描写极其细腻生动，请找出有关语句读一读，体会体会，然后选择一些语句朗读给大家听。

- -

（生朗读体会）

师：谁第一个来读？

生：（读）我想：表里边一定也有一个蝉或虫一类的生物吧，这生物被父亲关在表里，不许小孩子动。

师：你读的是第9自然段中"我"的心理活动。那你为什么要读这一句话呢？

生：因为这一处心理描写，体现了"我"很有想象力。

师：你看，一个孩子的形象从这样的心理活动描写当中表现出来了。好，还有哪些描写心理活动的语句，你们想与大家分享的？

生：第17自然段："我吓了一跳……表里边有一个活的生物。"从这里的心理活动描写中，可以看出他非常天真，觉得丑恶的蝎子是不能跟这样一个美丽的世界配在一起的，也能看出，现在他的好奇心得到了满足，证实了他的猜测。通过父亲的话语，他知道了表里边确实有一个活的生物。

师：所以，这时候"我"的心情怎么样？

生：非常愉快、喜悦、兴奋，觉得自己的猜测被证实了。

师：你能不能通过朗读把这种心情表达出来？

生：（读）我吓了一跳……表里边有一个活的生物。

师：还有哪些描写心理活动的语句，你们想与大家分享的？

生：第19自然段："我只想，大半因为它有好听的声音吧……也许这里边的蝎子与一般的不同。"从这里可以看出，他并没有因为自己的猜测得到证实而停止思考，而是在继续想为什么会把这样丑恶的东西放到这么美好的表里面，最后他又自己解决了自己的问题。他的这种善于思考、善于追问的精神值得我们学习。

师：看来，一个善于思考的孩子让你难忘。你把这两句话再读一读，让大家来体会体会。（生朗读）

师：还想与大家分享哪些描写心理活动的语句？

生：（读）"我看得入神，唯恐父亲再把这美丽的世界盖上。"作者对表里的世界十分喜爱和好奇，害怕父亲在自己没看够的情况下，把表盖子再盖上。

师：看得入神，又担心父亲把表给盖上，这就是孩子的一种复杂的心理活动。这个"唯恐"用得真妙！

生：第10自然段："越不许我动，我越想动，但是我又不敢，因此很痛苦。"从中可以看出小男孩求知欲很强，但是他非常听话，没有去动这块表，内心很矛盾、很痛苦。

师：刚才，同学们关注到了这篇文章的又一个独特之处——心理活动描写。从这些细腻、生动的心理活动描写中，一个天真可爱的孩童的形象跃然纸上。我们再来读读黑板上的这些词语，进一步感受这个孩童的形象。

生：（读）好奇心强、富有想象力、求知欲旺盛、淳朴天真、爱动脑筋思考、善于观察、听话懂事。

四·抒写感悟，共鸣共情

师：学到这里，我们再来读读这句话。

生：（读）体会文章是怎样用具体事例说明观点的。

师：对于这句话，你们应该有所理解和感悟了吧。这个单元导语当中，还有这样的一句话——（PPT出示）

生：（读）科学发现的机遇，总是等着好奇而又爱思考的人。

师：现在学习任务又来了。谁来读？（PPT出示，生读。）

读了这句话，联系课文内容想一想，这篇通俗易懂的课文为什么作为小学阶段最后一篇精读课文来让我们学习呢？请用一句话把你的感悟和发现写下来，把它作为勉励自己或赠给即将毕业的伙伴的话。

师： 明白这个任务吗？开始写吧。友情提醒，写完之后，用个破折号署上自己的姓名，再读一读，看看有没有把你的意思表达清楚。（**生写话**）

师： 每个人都要争取发言的机会，机会是要靠争取的，要靠自己去把握的。上课发言的机遇总是等着那些积极参与的人。谁来读？

生： 对待事物不仅要充满好奇，也要进行思考与求证。——韩义成

师： 你是用这句话来勉励自己的，还是赠给大家的？

生： 赠给大家，也勉励自己。

师： 与大家共勉。

生： 好奇心和想象力，我们永远的朋友。——赵子怡

师： 语言简洁，耐人寻味。再大声读一遍。（**生再读**）

师： 谁再来读一读自己写的话？

生： 我们要善于观察，善于思考，善于捕捉，善于发现，这样我们每天可以进步一点。——张颖

师： 每天进步一点，我们的生活就有诗和远方。一起再来把这句话读一遍。

生：（读）科学发现的机遇，总是等着好奇而又爱思考的人。

师： 尽管我们马上就要小学毕业了，但是这种好奇而又爱思考的习惯应该伴随着我们成长。这样，我们才能够行稳致远。读——

生：（读）科学发现的机遇，总是等着好奇而又爱思考的人。

师： 希望我们每一个同学都能成为这样的人。

生：（读）科学发现的机遇，总是等着好奇而又爱思考的人。

寻求最大关联，追求最佳关联

人是怎样学习的？《表里的生物》中的"我"，小时候被父亲怀表里奇妙的声音强烈地吸引着。好奇心让"我"产生了问题：怀表里边该是什么东西在响呢？进而联系生活经验进行猜想：凡能发出声音的，都是活的生物。表里发出声音，那里边一定藏着某种生物。在这样的猜想下，"我"展开了探学、求证之旅。由此可见，学习是始于质疑、贵在探究、归于反思的循环往复过程。

特级教师潘文彬先生提出的"儿童问学课堂"契合学习的本质规律，形成了自足性内涵、自洽性操作体系，在教学田野实践中愈发呈现出强大的生命力和创造力，在全国产生了广泛的影响力。潘老师执教的《表里的生物》这一课紧贴文本的"篇性"，以"问"作为基本手段，让儿童有意识地觉察自己的学习，鲜明体现了儿童问学课堂的基本特征。儿童问学课堂的教学设计策略很多。潘老师运用整合思维教学《表里的生物》，使得学习内容、策略和认知结构深度融合，从而让学习呈现出深度学习的品性。

一·寻求最大关联

整合思维的实质是联结。潘老师具有深厚的文本解读功力，他并没有寻着课文表层的一连串时间点引导儿童探学，而是以课文所呈现的深层好奇心与童真童趣为线索，将"假设—求证"这一科学探索线和叙事散文中的"惜物—怜子"情感主线有机联结在一起。这样就避免了碎片化的解读，以最主要的问题拉动了丰富的感悟空间。更难能可贵的是，潘老师的课程意识很强，他有意识地将"这一篇"课文的教学与"这一类"的课文有机融合在一起，在大单元整体教学中培育语文核心知识和关键能力。在初读课文后，以"'我'是一个怎样的孩子"拉动全文的理解，儿童自主建构出丰富而立体的人物形象。进而引导儿童发现问题："这么简单的课文，我们可以很容易地了解人物形象，为什么要作为小学阶段最后一篇精读课文来学习呢？"这促使儿童有意识地与编者对话，课文的学习并不是简单地学习文本的表面内容，而是要触及本文更深层的思维逻辑结构，触及语文学习的整体素养结构。是的，我们平时的教学也十分重视语文要素的教学，但好多老师将语文要素作为静态的知识去教。潘老师并没有这样做，而是让儿童结合《表里的生物》来进行提问，将语文要素分解成一个个具体的问题：这篇课文的观点是什么？是用什么具体的事例来表达的？教学中采用"问学"这一基本手段，让儿童自主建构阅读策略，自主建立"单篇"和单元整体的内在关联，这就是儿童问学课堂的独特魅力。

二·追求最佳关联

运用整合思维去教，追求的是 1+1 ＞ 2 的效果。"最大关联"旨在扩大认知背景，"最佳关联"旨在优化儿童思维。"问"与"学"带来的是一种综合生成，它是在问的基础上展开探究、分析和论证，最终形成的是观点、策略、作品等综合性学习成果。综合生成不是孤立的，它基于分析论证，侧重体现思维结果，直接指向问题解决。在《表里的生物》的教学中，潘老师始终引导儿童将"问"与"学"联系在一起，将文本的宏观探究与微观分析结合在一起："父亲的怀表能发出声音，一定有一个活的生物在里面。那'我'是怎么一步一步地来证明表里有一个活的生物这个观点的呢？在学习的过程中，你们有没有发现文章有一些特别的地方？"潘老师将儿童的感觉调细，聚焦在文本的特别之处。儿童进而发现父亲说的"不许动"并不是重复的，而是推动了"我"的好奇心和探究欲，推动了故事情节的发展。教师将文本的特别之处和教学重点有机关联："越是不让动，越是产生强烈的好奇心，这就把故事向前推进了，一波三折，引人入胜。如果再换个角度来看这几处'不许动'，你们又有什么发现呢？"这样，儿童就将父亲的话和探究过程有机结合在一起，水到渠成地把"我"的观点表达了出来，而且求证的过程充满着童真童趣。潘老师非常重视儿童言语成果的输出，做到听说读写一体化、生活化："请用一句话把你的感悟和发现写下来，把它作为勉励自己或赠给即将毕业的伙伴的话。"这是一个真实性的学习任务，带来了精彩的综合生成："对待事物不仅要充满好奇，也要进行思考与求证。""好奇心和想象力，我们永远的朋友。"……最后聚焦在单元导语上："科学发现的机遇，总是等着好奇而又爱思考的人。"这样在最佳关联中实现了问学一体、知行统一。

三·探求最深关联

儿童问学课堂的"问"，当然还含有质疑、批判性思维。"质"表示询问、责问，"疑"表示疑问，"质疑"即提出疑问。问题是质疑的开始，是理性思维的基础。正如《管子·七臣七主》中所言："心有所疑，提出以求得解答。""批判"即甄别、审辨、评论、评判和判断。"课程标准"在各学段反复强调"对周围事物有好奇心，能就感兴趣的内容提出问题""能提出学习和生活中的问题""敢于提出看法，作出自己的判断"，渗透了批判性思维培养的意蕴。在《表里的生物》的教学过程中，潘老师发挥儿童的主体作用，激发儿童提问的意识，锻造提问的能力，引导儿童辩证地思考问题，敢于提出看法，作出自己的判断，有理有据、负责任地表达自己的观点，从小发展母语评论的能力。潘老师追求高质的"问"和高效的"学"的有机统一，有效地发展儿童高阶思维。

正如潘老师所说："儿童问学课堂之所以具有思维的活力，是因为它追求教学目标、教学内容、教学策略三者之间的有效整合、协同作用。"这种整合不是外烁的，而是以儿童的"问"为载体，让儿童自主联结任务、情境、策略和资源，以"冰山露在水上的八分之一"去探究"隐藏在水下的八分之七"，这就给语文学习带来令人解放的东西，让语文课充盈着生命的活力。

（魏星　江苏省特级教师、正高级教师）

第
10
讲 | 儿童问学课堂，
优化学科育人的新样态

儿童问学课堂的探索实践，给课堂教学生态带来了可喜的变化，学生真正地立于课堂的中央，敢问会问，善学会学，形成了一种以问启思、以问促学、问学相生，孕育、迸发精彩观念，促进学生最优化发展的教学新样态。

几年前当看到统编版语文教材在四年级上册专门安排了"提问策略单元"后，就更加坚定了我们研究儿童问学课堂的信心和底气。更为重要的是，2019 年 6 月，《中共中央、国务院关于深化教育教学改革全面提高义务教育质量的意见》在第 8 条"优化教学方式"中，明确提出："坚持教学相长，注重启发式、互动式、探究式教学，教师课前要指导学生做好预习，课上要讲清重点难点、知识体系，引导学生主动思考、积极提问、自主探究。"可见，我们所提出的儿童问学课堂是一种与时俱进，且合乎课堂教学改革方向的研究实践。

一 · 儿童问学课堂，立德树人的实然召唤

21 世纪以来，随着全球化、信息化以及知识共享时代的来临，未来社会变得越来越复杂和不可预知。在此背景下，如何使儿童更好地适应未来社会、教育究竟该培养什么样的人以及如何培养人等一系列问题，已然成为世界各国教育共同面临且亟待攻克的难题。为了顺应国际教育改革潮流，提升国家整体教育质量，我国于 2014 年将全面深化课程改革作为新时代落实立德树人根本

任务的标志性工程，并把培育学生核心素养作为基础教育课程改革新的目标追求。儿童问学课堂，就是在这样的课改背景下应运而生的。如果说核心素养是对"培养什么样的人"这一问题的应答，那么，儿童问学课堂则是对"怎样培养人"这一问题的一种校本化的应答。

课堂是落实立德树人根本任务的主阵地。立德树人必然召唤着课堂教学方式的变革，那么，课堂教学如何立足发展，优化方式，精准施策，把立德树人寓于学科教学的过程之中，实施学科育人，自然成为需要研究的问题。儿童问学课堂，以立德树人为己任，坚持以学生为中心，致力于奠定学生人文底蕴和科学精神的文化基础，致力于培养学生学会学习和健康生活的自主发展能力，致力于开发和培育学生的学习潜能和个性特长，让每一个学生在学科学习、实践活动中不断进步，为每一个学生的全面和谐发展赋能，使每一个学生都能成为他自己，变成他自己。

"课程标准"指出："工具性与人文性的统一，是语文课程的基本特点。"语文课程"强调内容的典范性，精选文质兼美的作品，重视对学生思想感情的熏陶感染作用，重视价值取向，突出社会主义先进文化、革命文化、中华优秀传统文化"。所以，语文课程丰富的人文内涵对学生精神世界的影响是广泛而深刻的。其给学生带来的必将是一种思想的启迪，一种心灵的激荡，一种精神的生长。儿童问学课堂，尊重学生成长的规律和学习母语的规律，把立德树人的任务融于学习国家通用语言文字运用的实践之中，以"问"启"思"，以"学"解"问"，"问""学"相生，给学生呈现的是一种情感的体验，一种愉悦的对话，一种智慧的迸发，而不是一种无边的题海和机械的操练。这样，学生在学习语言文字运用的过程中获得的就不是一种冷冰冰的知识，而是一种活泼泼的成长的智慧。这样的课堂，才是激活学生思维，启迪学生心智，让学生学得深远、走得高远、拥有带得走的能力的课堂。这样的课堂，才是以文化人、学以成人的课堂，让学生的人文精神和语言智慧在了无痕迹的浸润与渗透中，在浑然天成的影响与提升中，在自然而然的习得与生长中，同生共构，协同发展。

二·儿童问学课堂，优化教学的自然选择

课堂是学生学习的主阵地，是学生发现问题、解决问题、发展思维、提升素养的地方，是学生自主学习、合作分享、培育情趣、生成智慧的场所，是学生大胆创造、自由言说、展示才情、快乐成长的殿堂。然而，当下的一些课堂却正如著名特级教师黄厚江所说"不是由教学活动和学习活动组成的，而是内容的堆砌、问题的罗列、形式的呈现、概念的演绎和结论的传递，甚至就是一个个题目和一个个答案组成的一堂课"。这种课堂窘象的背后，其实隐藏着两个核心的问题：一是丰富多样的课堂沦为了"教师独自表演的舞台"，二是灵动缤纷的教学演变成了"教师问—学生答"的单一形式。正是基于破解这两个核心的问题，儿童问学课堂，在审思习以为常的课堂教学的基础上，有针对性地从以下几个方面作出改变，以使课堂中学生的"学"与教师的"教"能够达到一种动态的平衡。

（一）让学引思：由"教师中心"走向"学生中心"

这其实是重新确认"谁是课堂主人"或"谁是课堂中心"的问题。不言自明，学生是学习的主体，是教学的主要对象，没有学生的课堂教学自然也就失去了其存在的本然价值。儿童问学课堂致力于打造"学生中心"的课堂教学形态，倡导的是学生第一，而不是教师第一。因此，就教师而言，必须具有"让学引思"的教学理念和实践智慧，课堂上要想尽一切办法让学生学，引学生思，教会学生自主思考，自我学习。换言之，教师要学会从"前台"走向"后台"，树立起"学生为主体，教师为主导"的思想观念，做到"道而弗牵，强而弗抑，开而弗达"，把"让学引思"变成自己的一种专业自觉。也只有这样，"学生中心"的课堂教学才具备实现的可能和条件。

（二）变教为学：由"教的中心"走向"学的中心"

这实质是重新确认"教学的价值"或"课堂的价值"的问题。对于时刻处于课堂教学场域之中的教师，需要不断地反思自己的教学行为："教师教了"

是不是就等于"学生学了"，"学生学了"是不是就等于"学生学到了"，"学生学到了"是不是就等于"学生学会了"，等等。课堂教学中，教师"教"的目的全在于让学生学习以及教会学生学习，以"教"促"学"，激发和唤醒学生自我学习。有研究表明，课堂上的师生对话大多表现为教师问、学生答，而学生问、学生答甚至教师答的情况极为罕见。换言之，在课堂教学中，学生的自主性、主体性并没有得到充分的体现。而儿童问学课堂就是为了扭转这种倾向，从"教的中心"走向"学的中心"，把"问""学"的主动权还给学生，让学生主动地"问"，大胆地"问"，并由此整合、生成一些能够体现语文学科特质的且有一定思维含量和探究价值的问题，让学生展开深度而有意义的学习。

（三）优化方式：由"教—学—问"走向"问—学—教"

这实质上就是重新确认"教学的形态"或"课堂的形态"的问题。只要稍加留意，我们就会发现儿童的学习相较成人学习而言，有其独特之处。成人学习始于"教"，而后"问"，形成的是"教—学—问"的教学方式。而儿童的学习往往始于"问"，而后"学"，进而"教"，形成的是"问—学—教"的教学方式。儿童问学课堂，指向核心素养的养成，着力于教学方式的优化，其关注点不仅要从关注教师"教了什么""如何教"转向关注学生"学了什么""如何学"以及"学得怎么样"，还要变"学"为"问—学"，让学生之"学"随其"问"而展开，教师之"教"也能够随学生的"问"与"学"而适时适度地予以引导、启迪、传授、释疑。当然，"问—学—教"并非全然抛弃"教—学—问"，而是在吸取其优势的基础上，更好地顺应儿童天性，彰显学生的主体价值，助力学生的智慧成长。

三·儿童问学课堂，学生发展的应然追求

以"学生为主体"和"学习为中心"的儿童问学课堂，从语文学科特点和学生的生理、心理实际出发，遵循语文教育和学生的学习规律，呈现的是

一种以"问"引发、促进和维持"学"的教学形态，所追求的是以真实的问题为基础，充分展示学生真实的学习生活，让学生在真实的学习情境中，大胆尝试，勇于实践，自由发现，以获得适应终身发展和社会发展需要的必备品格和关键能力。因而，学生在课堂上表现出来的是一种情趣盎然的学习状态。

（一）学生的实践是自主的

儿童问学课堂，在"问"的驱动下，学生对识字与写字、阅读与鉴赏、表达与交流、梳理与探究的实践活动拥有了更多自主选择的权利。他们可以各取所需，自主安排自己的语文实践活动。比如，对于生字新词的学习，他们可以根据自己的实际情况，认一认自己还不认识的字，读一读自己还读不准的音，写一写自己还不会写的字。这样，就把识字与写字的主动权还给了学生，让他们在一种宽松自由的情境中，快乐地识字写字，训练识字写字的技能，养成良好的识字写字的习惯，提高识字写字的质量。又如，对于朗读课文，他们可以把自己认为最难读好的段落练一练，可以把自己最喜欢读的或者感受最深的部分读一读，可以把自己最有把握读好的段落读给同座或者全班同学听一听。这样，就把朗读的主动权给了学生，激发朗读的兴致，使他们在一种"给人自由，任其选择"的氛围中，用心体察、揣摩课文的语言，训练朗读的技能，培育语感，以展示出自己最佳的朗读水平，从而把课堂变成展示学生自我进步和发展的舞台。

（二）学生的思想是自觉的

语文学习是一种有意义的思想活动。儿童问学课堂，学生的思想是被文本召唤着，被问题激活着，呈现出一种主动的"问"与"学"的学习状态。因而，他们的思想总是能动而又自觉的。这种思想展现一种过程——展现了文本向学生的思想发出邀约后的一种思维的过程；体现一种方法——体现了学生摆脱文本邀约给自己思想带来压力的一种思维的方法；呈现一种见解——呈现了学生运用自己的心力去思想后的一种思维的结果。语文学习，有了思想的参与，才能开启心智，使得学生通过自己的思想，潜心会文，熟读精思，产生思想。若要学生在课堂上自觉地思想，首先，要给学生充分的"沉浸浓郁，含英咀华"的静思默想的时间，让学生自主阅读，自主探究，自主发现；其次，要为学生创设一个开放的且能自由表达的思想空间，让学生大胆地把自己的思想倾吐出来，要鼓励学生"争论"，更要鼓励学生有创意地表达自己的真知灼见。

（三）学生的表现是自律的

儿童问学课堂，学生始终处在一种积极的"问"和"学"的学习状态，把学习当作一种享受，自觉地控制和规范自己的学习行为，寻找一种最佳的学习路径，获得一种最佳的发展。因而，在课堂上，他们能够把心沉潜于语言文字所营造的世界之中，或静心临写，一笔一画地书写汉字，尽情享受书写汉字所带来的审美体验；或静心阅读，穿行在文本的世界之中，思接千载，视通万里，尽情享受阅读所带来的高峰体验；或静心批注，圈点勾画，书写感受，尽情享受动笔所带来的丰富智慧；或静心聆听老师的讲解和同学的发言，尽情享受洗耳恭听所带来的丰富感受。这种自律是一种责任，更是一种智慧。这种自律的表现，乃是儿童问学课堂所呈现出来的一种美好的境界。当然，冰冻三尺非一日之寒，儿童问学课堂要呈现出这样的境界，则需要教师付出爱心，倾注智慧，慢慢地养育。

（四）学生的交流是自信的

儿童问学课堂，是学生交流思想、展示才情、分享智慧的天地。这个天地是向四面八方打开的。学生在这里能够知无不言，畅所欲言，自信地与同伴、与老师交流对话，分享收获。这种自信，来自师生的宽容，课堂上能善待学生的错误，允许学生出错。其实，错误在课堂上也是精彩的、美丽的，因为学生的进步和成长就是在不断地识错纠偏的过程中完成的。所以才有"吃一堑，长一智""不经一事，不长一智"的说法。当然，这种自信，更需要教师的养护，课堂上要能善于捕捉时机，最大限度地为每一个学生创造体验成功的快乐。课堂上，有了这种宽容，有了这种养护，学生的交流对话就少了一些顾虑，多了一些自信。这样，课堂的交流对话就会丰富起来，生动起来。事实上，这种自信的交流对话，带给学生的不是痛苦的折磨，而是快乐的享受，不是灵感的泯灭，而是个性的张扬，不是百般的无奈，而是生命的成长。这是多么美好的境界啊！

（五）学生的运用是自如的

学习语文的最终目的就是让学生能够正确地运用祖国的语言文字来表达交流自己的思想和观点，能把字写正确，写一笔漂亮的汉字；能把话听明白、说清楚，讲一口流利的普通话；能把文章读通顺、写明白，写一手清通的文章。所以，儿童问学课堂，就是发挥课文的"例子"作用，最大限度地为学生提供丰富多样的语文实践的机会，让学生在学习语言文字运用的过程中，潜心会文，品味语言文字的精当妥帖，理解课文这个"例子"，并能巧妙化用，适时迁移，智慧地完成语言的建构与运用，形成个体语言经验。

（六）学生的生长是自然的

课堂是学生智慧生长的地方。在儿童问学课堂中，学生找到了一种做主人的感觉，活得像儿童的样子，自觉地进行听说读写的实践，自主学习，使得他们的语言智慧在听说读写的实践中变得丰厚而灵动起来，思想情感在听说读写的实践中变得丰富而深邃起来，进而能够拥有一种自能读书、自能写作的智慧和习惯。其实，这种生长就如同庄稼成长一般，是一个自然而又舒缓的过程。所以，学习语文是一种慢养的艺术，得有一种"孩子，你慢慢来"的定力和耐性，使儿童问学课堂能够更加合乎语文学习的规律，更加贴近儿童的最近发展区，让儿童在"问"与"学"的和谐互动中从容地行走，自然地成长。

儿童问学课堂，为学生的健康生长提供土壤、阳光和雨露，让学生的人文精神和语言智慧在"问""学"相生中来回行走，并生长、丰富起来。

经典课例

《那一刻，我长大了》（统编版五年级下册）
教学实录

一·领悟话题的意蕴

师：同学们，这个单元的导语当中有这样一句话（PPT 出示），一起读——

　　每一个人都有他自己的童年往事，快乐也好，心酸也好，对于他都是心动神怡的最深刻的记忆。——冰心

师：这是冰心老人说的话。从这句话中，我们可以体会到童年的生活是让人心动神怡的生活，童年的往事是让人难以忘怀的记忆。其实，在我们的童年往事当中，关于长大了的事情，一定是让我们最开心、最难忘的记忆。这节课，我们就来聊一聊有关长大了的故事。聊的话题是——

生：（读）那一刻，我长大了。

师：再读。

生：（读）那一刻，我长大了。

师：只要稍加留意，我们就会发现这是一个很有故事性、很有力量感的话题。这里的"那一刻"，怎么理解？

生：我认为，"那一刻"是一个动人的画面，需要细致刻画那个画面发生的事情。

师：你的意思是说，"那一刻"是有画面感的。很好！

生：我认为，"那一刻"是一个时间段，需要重点刻画的是人物的内心思想感情。

师：是的，"那一刻"，一定是事情发展变化过程中的那一刻；"那一刻"，一定是触动你心灵的那一刻；"那一刻"，也是你获得成长力量的那一刻。再来读——

生：（读）那一刻，我长大了。

师：只要用心体会，我们就会发现这是一个——

生：这是一个充满着幸福感的话题。

师：因为——

生：那一刻，我长大了。

师：长大了，难道我们不开心不幸福吗？只要用心揣摩，我们还会发现这是一个——

生：这是一个发自内心的让人由衷感到自豪的话题。

师：可不是吗？你长大了，难道不值得自豪吗？

生：自豪！

师：因为——

生：那一刻，我长大了。

师：同学们，在我们的童年记忆当中，有许许多多的往事，让我们难以忘怀。在这一件件往事当中，总有许许多多的那一刻触动着我们的心灵，让我们获得了成长的力量。那么，什么是成长呢？或者说，什么是长大了呢？

生：我认为，长大应该是我学会了某样我之前不会的东西，或者是获得了我之前从没有得到过的东西。

生：我觉得，长大不是个子上变高变大了，而是从某事当中感受到了一些启发，这才叫长大。

师：是的。长大了，不是个子长高了，而是我们在思想上或者在其他一些方面获得了生长。这里有几个事例，请大家来读一读，或许你能从中领悟到"长大了"的内涵。第一个事例，我请个同学来读。

生：（读）今年我过生日，妈妈给我切蛋糕的时候，我发现她的眼角出现了浅浅的皱纹。

师：假如是你在过生日的时候，你看到了妈妈眼角上出现了浅浅的皱纹，你心里会怎么想？

生：我心里会想，妈妈每天为我付出了那么多，眼角都有了皱纹，也没来得及护肤，还整天为我操心，买蛋糕给我过生日。我心里既激动又难过，觉得妈妈对我付出的实在是太多了！

师：那在这个事例当中，最能触动你心灵的细节是什么？

生：就是妈妈的眼角出现了浅浅的皱纹，因为这一细微的变化体现了妈妈的辛劳，这一细节也深深地触动了我的心灵。

师：是的。就从这一个细节当中让你感受到妈妈的辛劳。那你的内心涌动的是一种什么情感？

生：我的内心既感激又忧伤，因为妈妈为我付出了那么多，我却没有对她有一丝回报。

师：是的，这种感受就说明你长大了，所以成长是什么？（PPT出示）读——

生：（读）成长就是在那一刻让我学会了关爱。

师：你看，在这个事例当中，就是这样的一个细节，让我的心灵受到了触动，让我从中获得了成长的力量，成长是什么？读——

生：（读）成长就是在那一刻让我学会了关爱。

师：再来看第二个事例，谁来读？

生：（读）今天爷爷走了很远的路，给我买了一双心爱的球鞋，接过爷爷递来的球鞋，我感觉手上沉甸甸的。

师：假如是你从爷爷的手中接过了你心爱的球鞋，你会有什么样的感受？

生：这里有"沉甸甸"这个词，我感受到的是爷爷走了这么远的路，只为了给我买一双球鞋，这不仅仅是一双球鞋，更代表着爷爷对我的爱，所以感觉沉甸甸的。

师：这种感受就说明你长大了，你懂得了爷爷的爱心，知道了感恩。什么是成长？（PPT出示）读——

生：（读）成长就是在那一刻让我懂得了感恩。

师：你看，爷爷走了很远的路，为我买了一双心爱的球鞋，这样的细节触动了我的心。再看第三个事例。（指一生）请你读。

生：（读）三年级的时候第一次在全校开学典礼上发言，我很紧张，看到同学们鼓励的目光，我又有了信心。

师：在这个事例当中，"我"怎么成长了？

生：在这个事例当中，"我"开始是害怕的，但是看到同学们鼓励的目光，"我"又有了信心，"我"突破了自我，做了一件从来没有尝试过的事情。我觉得这就是成长。

师：从这个事例中可以看出，"我"的心情由紧张变得自信了。这个变化的过程就是一种长大，就是一种成长。（PPT 出示）读——

生：（读）成长就是在那一刻让我拥有了自信。

二·唤醒封存的记忆

师：刚才，我们从三个事例中领悟到了成长的真谛。这可能也唤醒了我们头脑中的那些记忆。请大家想一想，在你的成长历程中，有没有某一件事情、某一个时刻让你突然感觉到长大了？想一想，想好了举手。我希望举手的人越来越多。最后一个同学终于举起了手。来，我们把掌声献给这位同学！（生鼓掌）

师：你们愿意不愿意把你们的成长故事拿出来跟大家一道分享？

生：愿意！

师：其实与别人分享自己成长的幸福是一件非常快乐的事情。下面请同学们想一想，你们最想与别人分享的是一件什么事呢？请把这件事情用简短的标题写下来。

师：都写好了。谁来说说你想与别人分享的事情是什么？

生：我想与别人分享的是妈妈的白发。就在上个星期六妈妈在为我辅导作业的时候，我看了一眼妈妈的头发，居然发现了有一丝白发。

师：你看到妈妈的头上有了一丝白发。这个情景触动了你。

生：我要与别人分享的故事是妈妈眼角的皱纹。就在前段时间，妈妈在照顾妹妹睡觉的时候，我看见了妈妈眼角有了皱纹，心里非常感动。妈妈那么辛苦地照顾妹妹，眼角已经爬上了皱纹。

师：妈妈不仅照顾妹妹，还要照顾你吧。

生：我会做番茄鸡蛋汤了，我就觉得我自己长大了。

师：你爸爸妈妈吃了没有？吃的时候他们有什么感觉？

生：吃了。他们边吃边夸奖我，说我做的汤比他们做的还好吃。

师：你听了这话之后心里怎么样？

生：美滋滋的，但是知道他们是在鼓励我。

师：是的，你长大了！

生：我要与别人分享的故事是弟弟不会游泳，掉进了游泳池。我对水也不怎么熟悉，但我还是去救了他。我呛了一口水，把弟弟提出了游泳池。

师：你会不会游泳？

生：我不怎么会游泳。

师：不怎么会游泳，但也能游，最后把弟弟救了上来。如果你不会游泳，还不能冒这个险，知道吧！（生点头）

生：我要与大家分享的是第一次在家做饭的经历。那天是个星期六，我爸在单位上班，我一个人在家，炒了西红柿鸡蛋。爸爸回来鼓励我说很好吃。我觉得爸爸为我付出了那么多。我第一次给他做饭，觉得自己长大了。

师：同学们，一个个关于成长的故事已经由我们的心中流淌到纸面上来了。请你想一想，你要分享的这件事情的经过是怎样的？请打开你的记忆闸门，像放电影一样来回想一下事情的来龙去脉。要回想些什么呢？比如说这件事情是在什么时候发生的，这件事情是在什么地方发生的，这件事情当中有哪些人，这件事情发生的……

生：原因是什么。

师：想清楚这件事情是怎样发展变化的，这件事情的结果怎样，把这些想清楚了，事情的经过就清楚了。有没有回想清楚？我请一个同学来说一说。

（生说事情）

　　暑假的时候，我在奶奶家。那天，我饿了，奶奶就递给我一些零食，但我吃完了还是有点饿，就跟奶奶说，我想去买点东西吃。奶奶怕我一个人过马路会遇到危险，就和我一起去。当时温度很高，接近40度。我和奶奶顶着烈日去超市买东西。到了超市，我选了点东西。奶奶掏出自己的钱包，用那长满茧子的手，数着零钱给服务员。我看到奶奶的手上有那么多的茧子，接过零食的时候，我感觉沉甸甸的。回去的时候，我们还是顶着烈日。回到家里，我吃的时候心里有一点点不安。

师：是的，你长大了。大家看，他有没有把事情的经过说清楚？

生：他把事情的经过说清楚了。这件事情是什么时间在什么地方发生的，有哪些人，事情的前因后果都说清楚了。

三 · 凝聚表达的智慧

　　师：我们把事情的来龙去脉想清楚，就能把它说清楚。在写的时候，就能够把它写清楚。对于这篇习作来说，这只是最基本的要求。这篇习作的话题是"那一刻，我长大了"，关键是在事情发展变化的过程中，那一刻的情景是什么样的。请大家静下心来，聚焦那一刻仔细地想一想。（**PPT 出示**）比如说，在那一刻，你——

　　生：（读）看到了什么？

　　师：在那一刻，你——

　　生：（读）听到了什么？

　　师：在那一刻，你——

生：（读）想到了什么？

师：在那一刻，你——

生：（读）说了些什么？

师：在那一刻，你——

生：（读）做了些什么？

师：在那一刻，你——

生：（读）感受到了什么？

师：这些对于这篇习作来说是最为关键的地方，也是最难做到的地方。那么，我们怎么来把那一刻的情景写具体呢？这里，给大家看两段视频，或许你们能从中获得一些启发。（播放第一段视频）你看到什么？

生：我看到了一个跳水运动员在跳水。

师：好，再来看一段视频，这段视频还是那位运动员在跳水，但与第一段视频相比有什么不一样？

生：第一段视频是直接给观众们看一下就行了，而第二段视频就有一点细节化了，让观众看清运动员都做了些什么，是怎么完成跳水动作的。

师：同样的跳水动作，两段视频呈现的方式不一样，让你从中悟出了什么？

生：第一段视频我只看到跳水运动员和她的动作，一晃而过。

师：这是一瞬间的动作而已。

生：第二段视频我也看到运动员跳水，但这一回我看见她做出那个动作的过程，让我更细致地看到她跳水的情景。

师：也就是说我们在写那一刻的情景的时候，要像电视的慢镜头一样把它怎么样？

生：（读）定格。

师：把它怎么样？

生：（读）放慢。

师：把它怎么样？

生：（读）拉长。

师：把你看到的、听到的、想到的、说到的，或者做到的、感受到的等方面的内容，像电视的慢镜头一样把它定格了，放慢了，拉长了。这样，那一刻的情景就会变得怎么样了？

生：那一刻的情景就会变得更加具体，更加细致，更加精准。

师：是的，那到底我们怎么来把那一刻的情景给定格、放慢、拉长呢？我们来看一看《梅花魂》这篇课文的一个情景。谁来把这段文字给大家读一读？

（PPT 出示，生读。）

回国的那一天正是元旦，虽然热带是无所谓隆冬的，但腊月天气，毕竟也凉飕飕的。外祖父把我们送到码头。风撩乱了老人平日梳理得整整齐齐的银发，我觉得外祖父一下子衰老了许多。

船快开了，母亲只好狠下心来，拉着我登上大客轮。想不到眼含泪水的外祖父也随着上了船，递给我一块手绢——雪白的西亚麻布上绣着血色的梅花。

当年的我，还过于稚嫩，并不懂得，我带走的，岂止是我慈爱的外祖父珍藏的一副丹青、几朵血梅？我带走的，是身在异国的华侨老人一颗眷恋祖国的赤子心啊！

师：这段文字写的是什么情景？

生：这段话写的是我和外祖父分别的情景。

师：我要回国，外祖父送给我一块手绢。你看，这三段文字写了些什么？

生：请大家看第1自然段，它先简单描写了是哪一天，天气怎么样，然后重点描写"我"看见外祖父的银发是怎么想的。第2自然段，我认为，使用的是拉锯式手法。为什么说它是拉锯式手法呢？首先看第一句话，船快开了，母亲只好狠下心来拉着"我"登上大客轮。这是描写母亲和"我"的。可咱们看下一句，想不到眼含泪水的外祖父也随着上了船，这写的又是另外一个人。我觉得，这是拉锯式手法。

师：与其说这是用拉锯式手法，不如说这是用镜头切换的方式。你发现第1、2自然段是写"我"的什么？

生：所见。在写到"我"的所见的时候，既写了那天的天气情况，也写了外祖父、妈妈和"我"。

师：那么，第3自然段写的是什么呢？

生：第3自然段写的是"我"的所感。

师：你看，这个情景就是写了"我"的所见所感，把"我"的所见所感像电视的慢镜头一样定格、放慢、拉长。我们读了之后就有不一样的感觉。那么，这一段文字对你写好那一刻的情形有没有启发？下面就请同学们来干什么？（**PPT 出示**）读——

生：（读）请把你要分享的那件事中，让你突然感到自己长大了那一刻的情形具体地写下来。

师：下面就请同学们来写你的那一件事情当中的那一刻的情景，不要从头到尾地写，只写中间的那一段，好吗？开始写吧。（学生动笔写作）

四·分享表达的成果

师：谁愿意来给大家交流分享你写的内容？

（生读）

- -

妈妈缓缓蹲下身来心疼地望着我，摸着我头上的包，问我："疼吗？"我低声地说："不疼。"这时，我才发现妈妈的手上有一个大水泡："妈，您的手？"妈妈笑了笑说："没关系，一点小伤而已。"那么大的水泡，一定很疼！这时，我第一次发现母亲那么瘦小，偌大的围裙里包着她瘦小的身躯。我应该是个大人了。我当时在写作业，妈妈在厨房做饭，突然好像是油滴到了她的手上，她大叫了一声。我被吓到了，就从椅子上摔了下来，头上摔出了一个大包，钻心地疼，我哭了。妈妈闻声从厨房里跑了出来，揉着我的头。我这才发现她的手上有一个很大的水泡，是被油烫了。

- -

师：大家看一看，那一刻的情形，她有没有写具体？

生：写具体了。

师：那么，对照这次习作的要求，你们还有什么问题想问她的？

生：我想问你一下，除了你在文字上表达的那段对话，你还跟你妈妈有什么对话？后续发生了什么事情？有没有让你感动？

生：我想问的是，除了你看到你妈妈手上的水泡，你还看到了你妈妈脸上的表情或者是别的一些让你感动的地方吗？

生：我有个问题想问你，你为什么不细致地描写一下你妈妈手上的水泡，描写一下之前你看见妈妈的手是什么样子的，然后再描写一下现在你看见妈妈的手是什么样子的？我觉得，你只用一句话，妈妈的手上有一个水泡，比较笼统，不太细致，难以打动人心。

师：同学们刚才提出的这些问题，对于修改你的习作应该是有启发的，你可以很好地吸纳同学们的意见，把这个情形写得更加具体、细致。下面，再请一位同学来分享自己写的习作。

（生读）

- -

　　前天晚上，妈妈拿了一把巧克力，和我边看书边吃。吃着吃着，忽然听她说："这个是女儿爱吃的白巧克力，我可不能吃了。"说着她拿起糖纸细心地把巧克力包了起来，几乎看不出来已经打开过。

　　平日里，妈妈只吃我最讨厌的黑巧克力。妈妈总说她不喜欢吃甜甜腻腻的白巧克力，喜欢吃苦味适中的黑巧克力。虽然妈妈嘴上这么说，可我心里知道妈妈其实是在迁就着我。

妈妈那拿巧克力的双手看上去有些短小，因为常年拿粉笔而脱皮发皱。啊，这是我妈妈的手。这一双手，在我一次次跌倒时，在我一次次遇挫而准备放弃时，把我从黯淡中拉了出来。

柔和的灯光下，妈妈稀疏的头发因为多年来为我操劳，已经不再乌黑，里面掺杂着几丝白发。妈妈的皮肤已经有了褶皱，眼下已经多了细纹。

- -

师：你自己感觉写得怎么样？

生：我写的是有一天我和妈妈在吃巧克力的时候，妈妈打开了我最爱吃的白巧克力，然后她又把巧克力包了回去留给我吃。在写的时候，我详细写了妈妈的外貌，就是我感觉到了我妈妈的苍老。她从来不打我，也很少批评我，每次遇到事情的时候总是好好地跟我说，希望我能改正过来。我觉得，这是我感动的点，也是我成长的地方。

师：同学们听了之后，觉得她写得怎么样？

生：我觉得描写得挺具体的，但她写了那么多的外貌。我觉得可以选择最让你触动的一两点作为重点来描写，在描写外貌的时候，也要多加一些自己的心理描写，还可以再加一点与妈妈的对话，这样可能会更好一些。

师：他刚才提的这些建议，比如说，他要你写一点与妈妈的对话，你当时有没有跟你妈妈说话？

生：我看妈妈的时候，没有说话。我的心理描写和妈妈的外貌描写是分开来写的，细致的心理描写放在后面写了。

师：好的。她其实对你所说的问题在习作中也有一些回应。

生：这篇作文对妈妈的外貌描写很细致，突出了妈妈因常年操心而衰老的外貌。她的心理描写，表达了她对妈妈充满感恩。

师：所以，这个情形你觉得写得怎么样？

生：这个情形深深地打动了我。

师：是的，这个情形写得既具体，也感人。把掌声献给她。（生鼓掌）

师：同学们，刚才我们分享了两位同学所写的片段，从中获得了诸多的收获，这对于修改自己的习作也会有一定的启发和帮助。同学们回去之后，还要根据本次习作的要求来好好地修改自己的习作，着重看一看"那一刻"的情形自己写得具体不具体，有没有把想要表达的意思表达清楚，直到自己满意了，再认真誊写。之后，再请班长负责把同学们的这篇习作汇编成册，大家互相传阅，分享每位同学的成长故事。

名 师 评 析

问—学—教，习作教学的"问学之道"

特级教师潘文彬先生倡导儿童问学课堂。他的教学主张得到一线教师的普遍认可，在一线教学实践中产生广泛的影响。潘老师也在这一教学主张之下，积极展开实践，执教的语文课去除奢华，归为平淡，落在实处。

观摩潘老师的习作课《那一刻，我长大了》，深深为其精湛的教学艺术所折服。在整个教学流程中，可以清晰地看见从"问"到"学"，再到"教"的学习脉络，潘老师为我们完美演绎了习作教学中的"问学之道"。

一·"教"起源于"问"

所谓的"问"，最重要的莫过于学生的纯真之问。面对习作话题"那一刻，我长大了"，学生到底需要什么？这是教学的起源之问，也是决定本课教学成败的关键"天问"。纵观整堂课教学，可以看出潘老师是极懂儿童需要的。在他的教学过程中，我们可以发现所有的设计都契合着儿童学习写作，完成本次写作任务这一需要，教顺应着学，匹配着学，激活着学，回应着儿童在学习写作中首要的"天问"。

发现这一问题，并不是轻而易举的。教学中从"问"入手，让"问"引领整个学习过程，更是匠心独运。

首先，学习写作，需要审题。学生需要对文题"那一刻，我长大了"的字面意思及内涵，予以充分理解。所以，潘老师的教学从单元的人文主题入手，用单元导语中冰心的那句话来引入话题，为学生营造一种轻松和谐的对话情境。在这种对话的情境中，引导学生理解"那一刻"和"长大了"的意思，并通过一次次的诵读，让学生反复地触摸这个话题所具有的情感温度，细心地揣摩这个话题所蕴含的生长力度，从而让学生准确地理解和把握这次写作的目标，为写好这次习作奠定基础。如此来教，教师的"教"和学生的"学"，因为"问"而实现同频共振。

其次，学习写作，需要模仿。因此，在执教过程中，潘老师给学生选取了本单元《梅花魂》中的一个片段，供给的是精致的"专家话语"，让学生阅读、体会如何把"那一刻"的情形写具体；提供给学生展示自己写作片段的机会，分享"伙伴语言"的快乐，教师在与学生互动中，共享的是同伴的思维。一切的样例，都为化解习作困难提供参照。可以很清晰地发现——潘老师这一环节的设计，也来自"学生需要什么样的教学辅助"这一重要疑问。想学生之所想，解学生之所难。

第三，学习写作，需要方法。教方法，并不是将方法丢给学生。优质的教学，是基于学生的需要，在可能遇到困难的地方，精致施教，教给方法后还要确保掌握。比如，如何把"那一刻"的情形写具体是这次习作的重难点，于是，潘老师就用视频支架来启迪学生的思维，让学生体悟到把"那一刻"的情形写具体，可以采用电视慢镜头的方式，把"那一刻"的情形定格、放慢、拉长。潘老师的执教，正符合这样的基本逻辑。可见，在设计时，他对教学如何有效，是在不断自我反思、自我发问的。

二·"教"是为了"学"

潘老师的儿童问学课堂，提出"学为中心"的重要理念。这不是一句华丽的口号，而是他的教学信念。学为中心，字面上的理解为"以学习为中心"。这里的"学习"，在潘老师的教学操作中，可以明确地界定为"学生的学习活动"。区别于传统教学以教师教为中心，潘老师的儿童问学课堂中的学为中心，让课堂以学生在学习中遭遇的真正问题为导向，以学生参与的学习活动为载体，因循着"课程标准"提到的课程基本理念——"从学生语文生活实际出发，创设丰富多样的学习情境，设计富有挑战性的学习任务，激发学生的好奇心、想象力、求知欲，促进学生自主、合作、探究学习"。

这一教学信念在他的课堂教学实践中，体现得淋漓尽致。潘老师在课堂执行中，时刻注重让"教"匹配"学"，验证"学"，推动"学"。教后即"学"，学后即"评"，在教—学—评三位一体推进过程中，从"教"和"评"两个方面，凸显着"学为中心"。

最值得关注的是，在教学过程中，学生经历与展示出来的整个习作学习过程，与教师设计并嵌入的习作教学流程完全吻合。潘老师从审题入手，帮助学生充分理解文题；再到选材，让学生选取最为适切的素材，磨刀不误砍柴工；之后是细节的打磨、方法的学得，让学生在动笔前做到心中有数；起草之后，予以评价回应，让学生在练习后立刻得到反馈，验证所学，找到问题，进行改进和推动。整个过程符合文章产出的基本流程，符合教与学互嵌的基本规律，教为了学，教促进了学，这才是"学为中心"最为真实的演绎。

著名教育学者顾黄初先生坦言：只有教与学相互匹配，"教"为了"学"，才是真正有效的"教学"。潘老师明晰其中奥妙，因此整堂课给人行云流水之感。

三·"教"是为了"不教"

潘老师的儿童问学课堂教学主张，特别注重"问"，尤其凸显"学"，其发展也有着层次递进。而儿童问学课堂的最高境界，是学生自能学，不待老师教，实现"不教而会"。

不教，基于教，仰仗之前的学。本堂课中，学生学法、得法、用法，学习充分，方法在课堂中当场学得。在教学结束之后，所学的方法可迁移，可拓展，可裂变。相信学生在遇到同类型写作时，或者遇到相似的写作任务、写作情境时，能够自然而然地迁移本节课所学的方法。因为潘老师教得扎实——扎实地让学法的过程充分；扎实地让用法自学的时间得到保障；扎实地让用法后的评估对使用效果进行了升级、优化。

扎扎实实教语文，"不教"的效果来自优质的课堂教学，来自本次的学习活动的充分开展，来自教师基于学情的设计。在"问"与"学"的密切互动下，"教"巧妙地嵌入其中，在学生最需要的时候推一把，扶一下，跳上一个层级。儿童问学课堂，让学生感受到"跳一跳，摘到果子"的快乐。

纵观全课，这是一堂基于学情设计的优质习作课，学生在学习过程中，掌握了能够学得会、带得走的本事。此课中体现的儿童问学课堂的教学理念保障并促成了此课的优质效果。感谢潘老师，让一线教师感受到了儿童问学课堂的精髓，体验到了"问学之道"。

（何捷　全国著名作文教学名师、作家）

参考文献

1. 中华人民共和国教育部.关于全面深化课程改革　落实立德树人根本任务的意见 [EB/OL].http：//www.moe.edu.cn/publicfiles/business/htmlfiles/moe/s7054/201404/xxgk_167226.html.

2. 中华人民共和国教育部.义务教育语文课程标准（2022 年版）[M]. 北京：北京师范大学出版社，2022.

3. 方明.陶行知名篇精选（教师版）[M].北京：教育科学出版社，2006.

4. 高时良.学记 [M].北京：人民教育出版社，2021.

5. 邹憬.论语译注 [M].上海：上海三联书店，2018.

6. 叶圣陶.叶圣陶语文教育论集 [M].北京：教育科学出版社，2019.

7. 成尚荣.儿童立场 [M].上海：华东师范大学出版社，2018.

8. 黄伟.提问与对话：有效教学的入口与路径 [M].杭州：浙江大学出版社，2016.

9. 王荣生.语文科课程论基础 [M].北京：教育科学出版社，2014.

10. 胡东芳.教育新思维 [M].桂林：广西师范大学出版社，2003.

11. 钟启泉.现代课程论 [M].上海：上海教育出版社，1989.

12. 朱智贤，林崇德.思维发展心理学 [M].北京：北京师范大学出版社，1986.

13. [法] 让 – 雅克·卢梭.爱弥儿 [M].李平沤，译.北京：商务印书馆，2017.

14. [加] 乔·尼尔森. 关键在问：焦点讨论法在学校中的应用 [M]. 屠彬，译. 北京：教育科学出版社，2016.

15. [英] 怀特海. 教育的目的 [M]. 庄莲平，王立中，译. 上海：文汇出版社，2012.

16. [美]M.Neil Browne, Stuart M. Kecley. 学会提问：批判性思维指南（第七版）[M]. 赵玉芳，向晋辉，等，译. 北京：中国轻工业出版社，2006.

17. [美] 约翰·杜威. 我们怎样思维·经验与教育 [M]. 姜文闵，译. 北京：人民教育出版社，2005.

18. [英]S. Tan Robertson. 问题解决心理学 [M]. 张奇，等，译. 北京：中国轻工业出版社，2004.

19. [德]卡尔·雅思贝尔斯. 什么是教育 [M]. 童可依，译. 北京：生活·读书·新知三联书店，2021.

20. 潘文彬，等. 为了儿童的深度学习：问学课堂的建构与实践 [M]. 南京：江苏教育出版社，2019.

21. 潘文彬. 灵动而朴素地教语文：潘文彬的微格教育生活 [M]. 南京：江苏教育出版社，2015.

22. 潘文彬. 用语文的方式教语文：潘文彬教学主张与实践智慧 [M]. 南京：江苏教育出版社，2012.

23. 陆志平. 以文化人的新境界：新时代的语文课程建设 [J]. 基础教育课程，2020（10）.

24. 周晓光. 自我成长视角下教师课堂改革动机的缺失与重建 [J]. 教学与管理，2020（9）.

25. 孙双金. 激活思维是最大的教学道德 [J]. 小学语文教师，2017（2）.

26. 周一贯. 导学单：语文课堂的学生"自助餐" [J]. 小学教学（语文版），2017（4）.

27. 钟桂芳. 小学语文思辨性阅读策略研究 [J]. 江苏教育研究，2016（13）.

28. 柳夕浪. 从"素质"到"核心素养"：关于"培养什么样的人"的进

一步追问 [J]. 教育科学研究，2014（3）.

29. 余文森. 论新课程课堂教学改革的八大关系 [J]. 当代教育与文化，2013（1）.

30. 李善良. 怎样培养学生的批判性思维能力：美国中小学教材考察报告 [J]. 教育科学研究，2012（3）.

31. 张天宝. 关注学生的生活世界：当代课堂教学改革的重要特征 [J]. 中国教育学刊，2007（3）.

32. 郑金洲. 课堂教学变革的十个要点 [J]. 教育理论与实践，2007（6）.

33. 叶澜，吴亚萍. 改革课堂教学与课堂教学评价改革："新基础教育"课堂教学改革的理论与实践探索之三 [J]. 教育研究，2003（8）.

34. 黄厚江. 为什么要把语文课上成语文课 [J]. 语文建设，2013（5）.

35. 钟启泉. 核心素养的"核心"在哪里：核心素养研究的构图 [N]. 中国教育报，2015-04-01（7）.

36. 袁振国，等. 核心素养如何转化为学生素质 [N]. 光明日报，2015-12-08（15）.

后 记

春日的阳光，照进办公室内格外灿烂。我端坐在电脑前，敲打着文字。此时，我的思绪就如这温暖的春阳，明媚敞亮……

岁月如流。转眼间，我在南京市中华中学附属小学工作已有 10 个年头了。回想这些年，我与老师、与学生的一路同行，荡漾心间的是满满的幸福。

这些年，我与同仁们在思考、在探索、在实践，努力把学校办得像学校的样子。理性的思考和实践的探索，让我愈来愈深刻地认识到，像学校样子的学校，是干净的，是安静的，是书香四溢的；像学校样子的学校，有着像教师样子的教师团队：有理想信念，有道德情操，有扎实学识，有仁爱之心；像学校样子的学校，更有着像学生样子的学生：善思好问，爱学乐创，心怀梦想，敢于担当；像学校样子的学校，有着属于自己的句子，有着自己的教育哲学，有着自己的课堂样态。

把学校办得像学校的样子，要把握教育本质，遵循教育规律，牵住牛鼻子，找准切入点。10 年来，我们咬定课堂不放松，把儿童问学课堂的建构作为赋能学校发展的引擎，聚点发力，创新实践。

2013 年，我们提出了"儿童问学课堂"的教学改革主张；2015 年，我们申报的"基于儿童生长的'儿童问学课堂'实践研究"获准立项为江苏省教育科学研究重点课题。其后，于 2018 年，儿童问学课堂的研究成果获得江苏省教育教学研究成果奖；2019 年，该课题以免结题形式顺利结题。2020 年，儿童问学课堂研究成果又获得江苏省第五届教育科学优秀成果奖。2021 年，学校的项目"儿童问学园：让学习真正发生"被确立为江苏省中小学课程基地与学校文化建设项目。同年，学校的课题"项目化学习视域下儿童问学课堂的理论与实践研究"被确立为教育部重点研究课题。这一路走来，留下了我们的探索足迹，深深浅浅，虽然稚拙，但也弥足珍贵，因为这是属于我们自己的足韵。这样的探究，也让我们愈来愈清晰地看到了学校的课堂该有的样子，学生的学习该有的样子。

这些年，在建构儿童问学课堂的过程中，我一直没有停止过思考和实践。我把近几年来的思考和实践整理成这本书奉献给大家，希望能给大家带来一些思考和启发。在整理这本书稿的过程中，得到了诸多专家和同行的指导和帮助。感谢著名教育专家成尚荣先生、李亮博士、薛法根先生，他们用饱含真情的话语勉励我前行；感谢博士生导师黄伟先生，从百忙之中抽出时间为本书作序，他高屋建瓴的点拨，让我更明晰了前行的方向；感谢著名特级教师管建刚、魏星、吴勇、何必钻、金立义、杨树亚、胡红、朱萍以及作文名师何捷、骨干教师时珠平，他们鞭辟入里的评析，让我更坚定了前行的信心；感谢中华中学附属小学胡江碧书记和我工作室团队中的刘宁霞、封海蓉、赵爱珍、常相波等老师，与他们一起攻坚克难，让我享受着研究的快乐与幸福；感谢我的家人，尤其是我的夫人黄欣，他们给予了我无微不至的关心和支持。当然，还要感谢华东师范大学出版社的精心策划与编辑，使我的拙作能与大家见面。

由于水平有限，我的思考和探索还很浅薄，热切期盼大家有以教之，扶我前行！

灿烂的春阳，依然不知疲倦地照进室内，洒落在我身上，暖洋洋的……

潘文彬

壬寅年孟春于龙江学堂

图书在版编目（CIP）数据

还学习本来的样子：潘文彬儿童问学课堂十讲/潘文彬著. —上海：
华东师范大学出版社，2022
　ISBN 978-7-5760-3249-9

　Ⅰ.①还…　Ⅱ.①潘…　Ⅲ.①语文课—课堂教学—教学研究—中小学
Ⅳ.① G633.302

中国版本图书馆 CIP 数据核字（2022）第 169065 号

大夏书系·语文之道

还学习本来的样子
——潘文彬儿童问学课堂十讲

著　　者 潘文彬
策划编辑 李永梅
责任编辑 张思扬
责任校对 杨　坤
装帧设计 奇文云海·设计顾问

出版发行 华东师范大学出版社
社　　址 上海市中山北路 3663 号　　　邮编　200062
网　　址 www.ecnupress.com.cn
电　　话 021-60821666　　行政传真　021-62572105
客服电话 021-62865537
邮购电话 021-62869887　　　地址　上海市中山北路 3663 号华东师范大学校内先锋路口
网　　店 http://hdsdcbs.tmall.com/

印 刷 者 北京密兴印刷有限公司
开　　本 700×1000　16 开
印　　张 16
字　　数 243 千字
版　　次 2022 年 10 月第一版
印　　次 2022 年 11 月第二次
印　　数 6 101 – 10 100
书　　号 ISBN 978-7-5760-3249-9
定　　价 59.80 元

出 版 人 王　焰

（如发现本版图书有印订质量问题，请寄回本社市场部调换或电话 021-62865537 联系）